SANTA ANA PUBLIC LIBRARY

D0202949

EL BILLAR NO ES DE VAGOS

La Ciencia
para Todos

Desde el nacimiento de la colección de divulgación científica del Fondo de Cultura Económica en 1986, ésta ha mantenido un ritmo siempre ascendente que ha superado las aspiraciones de las personas e instituciones que la hicieron posible. Los científicos siempre han aportado material, con lo que han sumado a su trabajo la incursión en un campo nuevo: escribir de modo que los temas más complejos y casi siempre inaccesibles puedan ser entendidos por los estudiantes y los lectores sin formación científica.

A los diez años de este fructífero trabajo se dio un paso adelante, que consistió en abrir la colección a los creadores de la ciencia que se piensa y crea en todos los ámbitos de la lengua española —y ahora también del portugués—, razón por la cual tomó el nombre de La Ciencia para Todos.

Del Río Bravo al Cabo de Hornos y, a través de la mar océano, a la Península Ibérica, está en marcha un ejército integrado por un vasto número de investigadores, científicos y técnicos, que extienden sus actividades por todos los campos de la ciencia moderna, la cual se encuentra en plena revolución y continuamente va cambiando nuestra forma de pensar y observar cuanto nos rodea.

La internacionalización de La Ciencia para Todos no es sólo en extensión sino en profundidad. Es necesario pensar una ciencia en nuestros idiomas que, de acuerdo con nuestra tradición humanista, crezca sin olvidar al hombre, que es, en última instancia, su fin. Y, en consecuencia, su propósito principal es poner el pensamiento científico en manos de nuestros jóvenes, quienes, al llegar su turno, crearán una ciencia que, sin desdeñar a ninguna otra, lleve la impronta de nuestros pueblos.

Carlos Bosch

EL BILLAR NO ES DE VAGOS

Ciencia, juego y diversión

la
ciencia/223
para todos

Primera edición, 2009

Bosch, Carlos
    El billar no es de vagos. Ciencia, juego y diversión / Carlos Bosch. — México : FCE, SEP,
CONACyT, 2009
    158 p. : ilus. ; 21 × 14 cm — (Colec. La Ciencia para Todos ; 223)
    Texto para nivel medio superior
    ISBN 978-607-16-0149-0

    1. Matemáticas. 2. Geometría 3. Divulgación científica I. Ser. II. t.

LC QA40.5   Dewey 508.2 C569 V.223

Distribución mundial

La Ciencia para Todos es proyecto y propiedad del Fondo de Cultura Económica,
al que pertenecen también sus derechos. Se publica con los auspicios de la
Secretaría de Educación Pública y del Consejo Nacional de Ciencia y Tecnología

D. R. © 2009, FONDO DE CULTURA ECONÓMICA
Carretera Picacho-Ajusco, 227; 14738 México, D. F.
Empresa certificada ISO 9001: 2000

Comentarios: editorial@fondodeculturaeconomica.com
laciencia@fondodeculturaeconomica.com
www.fondodeculturaeconomica.com.mx
Tel. (55)5227-4672 Fax (55)5227-4664

ISBN 978-607-16-0149-0

Impreso en México • *Printed in Mexico*

ÍNDICE

INTRODUCCIÓN

Ésta no es una obra clásica sobre el billar. Más bien es un libro en el que se emplean conceptos científicos y matemáticos para entender mejor el billar, y se usa el billar para entender mejor algunos conceptos científicos y matemáticos.

El billar está vinculado con la geometría, pero sus relaciones con las matemáticas van más allá. En este libro, el regalo de un amigo nos permite entender a fondo qué es el billar, cómo se juega, cómo ha evolucionado y cómo se usa para resolver algunos problemas matemáticos.

En tiempos del cardenal Richelieu (1585-1642) no se podía ser mosquetero sin saber matemáticas, historia, tácticas militares y... billar. Este entretenimiento pasó por una época oscura en la que se volvió un juego de apuestas y de vagos, a tal punto que las mujeres dejaron de jugarlo. Pero poco a poco lo anterior fue cambiando y empezaron a aparecer libros en los que se explicaban la física y las matemáticas del billar; el primero sobre el tema es *Théorie mathématique des effets du jeu de billard*, de Gaspard-Gustave Coriolis, publicado en 1835.

En el siglo pasado las películas *El audaz* [*The Hustler*] y *El color del dinero* [*The Colour of Money*] le dieron un gran impulso al billar. Las mujeres lo han vuelto a jugar, los campeonatos se transmiten por televisión, en casi todos los clubes hay mesas de billar, en los concursos de matemáticas hay problemas asociados con esta práctica e incluso se usa para calcular el mínimo común divisor de dos números, o bien para caracterizar polígonos regulares y resolver problemas de mínimos, como lo veremos en este relato.

Aquí se habla de matemáticas, de física, de química, de historia, del arte del juego y de algunas carambolas especiales. Quien sólo quiera leer la parte relacionada con las matemáticas deberá abocarse a los cuatro sueños que aparecen en el libro más el capítulo x. El que esté interesado solamente en la física, tendrá que enfocarse en el capítulo vi. Si su interés se centra en la parte de la química relacionada con el billar, entonces habrá de ir al capítulo viii. Para iniciarse en el billar conviene leer el capítulo i, y para aprender algo sobre los efectos hay que abordar los capítulos vi y x, pero recordemos que no hay nada que pueda sustituir la práctica del juego. La parte histórica se encuentra en el capítulo iv. Sin embargo, para ser sincero, lo mejor es leer todo el libro.

Quiero aprovechar este espacio para indicar que algunos temas que aparecen en este libro se publicaron anteriormente, en forma distinta, en el *Boletín de Ficom* publicado por la Academia Mexicana de Ciencias. Agradezco a sus editores que me hayan permitido usar ese material. En este libro también aparece parte del material de dos cuentos cortos: "Bandas y números" y "El billar no es de vagos", con los que gané uno de los premios otorgados por la Sociedad Matemática Mexicana en el concurso Matemáticas Aplicadas y su Enseñanza para el Bachillerato y la Licenciatura, en 2001. Agradezco a su presidente, el doctor Alejandro Díaz Barriga, la posibilidad que me otorgó para utilizar aquí ese material. También quiero agradecer al doctor Enrique de Alba por haberme proporcionado la cita que aparece en el capítulo iv sobre el billar en *Antonio y Cleopatra*, de William Shakespeare. A María Luisa Carreón le agradezco la paciencia que tuvo para descifrar mis jeroglíficos y transformarlos en un texto legible. A Bernardo Mendoza Dib le debo el haberme ayudado con las figuras y con la computadora, que a veces en lugar de instrumento de trabajo yo la convertía en mi enemiga.

Pedro Bosch leyó todo el manuscrito y sus observaciones, correcciones y críticas me ayudaron a mejorar el escrito inicial. Claudia, Sofía y Pablo me apoyaron a lo largo de este divertido trabajo leyendo, dibujando, fotografiando o yendo al billar conmigo.

Un agradecimiento cariñoso para los amigos que hicieron que me gustara el billar, en especial a Freddy y a Andrés (q.e.p.d.). Finalmente, el reconocimiento a mi abuela, quien le puso el título a este libro cuando insistía en que el billar era para vagos y que no debía ir a esos lugares de mala muerte.

Mil gracias a todos.

I. El regalo

Cuando Andrés y Freddy regresaron de Estados Unidos me trajeron un taco para jugar billar a cambio del dinero que les había prestado (o más bien regalado) para su visita a Los Ángeles. De ese viaje recuerdo que trajeron cerillos que se encendían con un dedo o frotándolos en la suela del zapato, como en las películas de vaqueros, varios discos de rock, pantalones vaqueros Levy's… en fin, cosas que en México era imposible encontrar o que costaban un dineral. ¡Mi nuevo y único taco! Nunca volví a tener otro en toda mi vida; era igual al que se había comprado Andrés. A los dos nos gustaba el billar, sobre todo la carambola de tres bandas y a veces la carambola sencilla o el *pool*.

Para entonces ya sabíamos cómo agarrar correctamente el taco (figura 1.1) y la posición adecuada para tirar. Hablábamos mucho de la teoría de cómo jugar. Supongamos que el jugador desea que una bola le pegue en el centro a otra bola. Para eso, el taco, casi horizontal, debe colocarse de manera natural en una línea imaginaria que cruce por el centro de las bolas. El jugador tiene que colocarse un poco hacia la izquierda, si es derecho, con las piernas ligeramente flexionadas y los pies formando un ángulo recto.

De esta forma el cuerpo se encuentra obligatoriamente orientado a 45° del eje del taco (figura 1.2).

FIGURA I.1

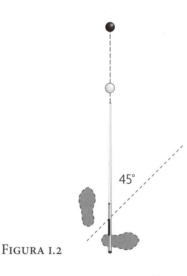

45°

FIGURA I.2

Hay un dicho en el billar: "El jugador tiene que colocarse siempre frente a su bola". Pero un jugador no puede encontrarse al mismo tiempo a la izquierda del taco (que está en el eje formado por el centro de las bolas) y frente a su bola. Así que, para lograr su objetivo, debe inclinar ligeramente el tórax hacia adelante y rotar la cabeza hacia la izquierda.

El brazo izquierdo debe estar cómodamente colocado, apoyado sobre la mesa, por ejemplo; a su vez, el brazo derecho debe formar un arco. La mano izquierda sostiene la parte delgada del taco, con la cual se le pega a la bola. La mano derecha detiene el taco por la parte más gruesa, aproximadamente a una distancia de un cuarto del final del taco, pero suavemente, sin apretarlo (figura 1.3).

Desde luego que la posición de la mano izquierda es fundamental, pues permite pegarle a la bola en el centro, o bien más arriba o más abajo, más a la derecha o más a la izquierda, lo que hará que la bola adquiera diversos efectos y se desplace de maneras diferentes.

Estaba yo tan emocionado con mi taco nuevo que inmediatamente lo desenvolví y lo armé. Venía en dos partes que se atornillaban en el centro. Acordé con Andrés que al día siguiente,

Figura 1.3

15

temprano por la tarde, nos veíamos en el billar; después de hacer tres o cuatro carambolas imaginarias, desarmé el taco y lo envolví en papel periódico. No quería que nadie me viera con un taco o supiera que iba a los billares; en aquel entonces a los jugadores de billar se les veía como vagos o personas inútiles. Los nombres de los billares —"La Cueva", "El Infierno", "La Gruta"— daban la impresión de antros semiprohibidos. En algunos de ellos, a los mejores clientes les servían bebidas alcohólicas combinadas con refrescos o cervezas que parecían sidral. Así, si llegaba algún inspector, a primera vista no podía detectar los vasos "ilegales" ni, evidentemente, las apuestas, a menudo cuantiosas, que corrían en esos lugares con toda libertad.

Llegué a casa con mi paquete de papel periódico y nadie se dio cuenta de que allí traía un taco de billar. Lo guardé en el clóset debajo de los suéteres. Un día mi abuela se enteró de que me gustaba el billar y de inmediato me dijo: "El billar es de vagos, mejor aprovecha el tiempo para estudiar". No obstante sus consejos, muchas veces, en cuanto terminaba el colegio, Andrés y yo nos comprábamos una torta en cualquier sitio y nos íbamos al billar. Para eso, desde temprano tenía que sacar el taco de entre los suéteres y ponerlo envuelto en su periódico dentro de la mochila, para que en el colegio nadie lo descubriera. Con tantas idas y venidas, naturalmente el periódico se rompía.

Cada vez tenía que hacer un envoltorio diferente hasta que un día la punta del taco se salió del periódico y... ¡de la mochila! Sin que me diera cuenta, el profesor de física lo descubrió.

—Así que tiene usted un taco de billar propio.

—Pues sí.

—No es usual, esas cosas son caras en México.

—Sí, pero me lo trajo un amigo de Estados Unidos.

—¿Qué sabe usted de billar?

—Pues la verdad es que juego lo más que puedo; hoy voy a ir y por eso traigo el taco.

—¿Qué juega?

—Lo que más juego es carambola.

—Antes de que le explique a la clase qué es eso, vamos a preguntarles a sus compañeros: ¿cómo creen que es el ambiente del billar? ¿Cómo se imaginan que es un salón de billar?

Varios alumnos levantaron la mano y las contestaciones que dieron ya las había oído en boca de mi abuela: un salón con un ambiente un poco lúgubre; una mesa con bandas y cubierta con tapiz verde; poca luz, excepto sobre las mesas; bolas blancas y rojas o de muchos colores y con números; tacos de billar y tiza azul; en general sólo hay hombres... En eso estábamos cuando del grupo se alzó una voz femenina:

—En mi casa dicen que el billar es de vagos.

Al instante repliqué:

—No es cierto; hay de todo, como en todos lados.

—Pues más o menos —intervino el profesor. Yo creí que con eso se había terminado la discusión y el asunto del billar, pero se volvió hacia mí y me dijo—: Ahora explíqueme qué es la carambola.

—Se juega con tres bolas, una totalmente blanca, otra también blanca, pero con un punto o marca, y una roja. En general juegan dos personas (a veces dos parejas); a cada jugador le corresponde una bola, la blanca a uno, la del punto al otro. El juego consiste en hacer que la bola propia, al ser golpeada con el taco, entre en contacto con las otras dos. A esto se le llama carambola. Cada vez que alguien hace una carambola se anota un punto, y gana quien haya logrado el mayor número de puntos. A este tipo de carambolas se les llama sencillas.

—A ver, pase al pizarrón y dénos un ejemplo.

Un sudor frío recorrió mi brazo. Afortunadamente llevaba un suéter y nadie se dio cuenta de la penosa situación. Entonces dibujé en el pizarrón un rectángulo y tres pequeños círculos.

—Imaginen que el rectángulo es la mesa de billar y las dos bolas negras son las bolas a las que les tengo que pegar con mi bola blanca (figura 1.4).

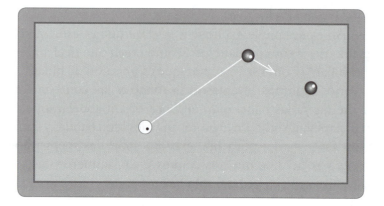

FIGURA I.4

Yo me imaginaba ya en el billar con mi taco, rodeado de ese color verde de los paños que tanto me agradaba.

—Entonces, se supone que con el taco impulsamos nuestra bola para que le pegue a las otras dos. En este ejemplo, yo tiraría hacia acá —dije, indicando la dirección hacia la bola más cercana—; así mi bola, al pegarle a esta primera, se desviaría un poco e iría a chocar con la otra, es decir, haría una carambola. Los expertos juegan algo un poco más complicado, que se llama carambola de tres bandas.

Después de esta explicación, me sentí muy bien; lo había explicado todo ordenadamente sin tartamudear, bien dicho y sin ninguna muletilla, y al final hasta me había "adornado" con eso de que la bola se ponía en movimiento con un golpe de taco y la mención de los expertos y la carambola de tres bandas.

—Qué bien, pero usted acaba de hablar de la carambola de tres bandas. Díganos qué es eso.

Grave error. Esto debió enseñarme a contestar lo que se pide y no andar adornándome. En fin, sólo tenía que explicar qué era una carambola de tres bandas.

—Las bandas son los bordes internos de la mesa. Para que una carambola sea de tres bandas, la bola de quien tira debe tocar al menos tres bandas antes de completar la carambola. Las bandas pueden ser una sola o tres distintas; es decir, la bola que debe hacer la carambola puede rebotar varias veces en una misma banda para completar las tres bandas.

—A ver, eso no está claro. ¿Cómo?

—Bueno, los golpes pueden ser banda, bola, banda, banda, bola, o bien banda, banda, banda, bola, bola, o cualquier combinación, siempre que el último golpe sea a una bola.

—Veamos —dijo el profesor—, ya que está en el pizarrón, dibuje cómo se haría una de esas carambolas tocando varias veces la misma banda, o bien tres bandas distintas.

Con gran seguridad volví a tomar el gis. Por el rabillo del ojo alcancé a ver mi taco nuevo asomándose de la mochila y me imaginé llegando con él al billar. Y así, sin hablar, como los grandes del billar, propuse los dos esquemas de las figuras 1.5a y 1.5b.

Los dos dibujos que hice me parecían mesas de billar reales, aunque eran unos simples trazos blancos sobre el pizarrón ne-

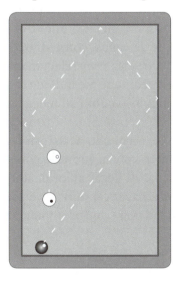

FIGURA 1.5a   FIGURA 1.5b

gro. Eran carambolas usuales que ya sin pensar las visualizába-
mos tanto Andrés como yo, aunque muchas veces, en la práctica,
nos fallaban.

—Explique sus dibujos, por favor —pidió el profesor.

A mí me gustaba que la bola del punto fuera la mía, así que
en ambos casos, imaginándome que yo era el que tiraba, empecé con la del punto.

—Observen las trayectorias que se obtienen en ambos casos. Yo tiro con la bola del punto. En el primer caso le pego a
la bola blanca, luego mi bola toca una banda larga, después una
banda corta y la tercera banda larga, y finalmente choca con
la bola roja. En el segundo caso mi bola toca una banda larga,
enseguida la bola roja, otra vez la banda larga, luego una banda
corta y finalmente la bola blanca.

—Mire usted —dijo el profesor—, se ve que sabe algo de billar,
pero aquí no me habló ni de efectos ni de posibles choques no
deseados entre las bolas; así que, como su examen no fue muy
bueno, para subir su calificación le voy a pedir un trabajo breve
sobre la física y el billar: rozamientos, rodamientos, efectos, rebotes, tipos de energía involucrados, en fin, algo no muy complicado que muestre que el billar no es de vagos, como dijo alguno de ustedes hace un momento, y que está muy relacionado
con la física. Al resto de la clase le voy a pedir que me indique con
precisión qué es el billar, y desde cuándo y cómo se juega, es
decir, algo de la historia del billar.

En ese momento odié mi taco, pero cuando acabaron las
clases de ese día y me encaminé al billar, volví a adorarlo como
si fuera lo único importante en mi vida. Al llegar al local, ator-
nillé el taco, le puse tiza y me dispuse a hacer carambolas entre
mordida y mordida a la rica torta de milanesa que acompañaba
con un refresco con piquete.

II. Nunca falta alguien así…

—Profesor, yo sí busqué la definición de billar; ¿cuándo vamos a entregar ese trabajo? —exclamó una de mis compañeras.

Yo palidecí. Todas las tardes, desde aquella clase, había ido al billar y no investigué nada. Lo peor es que otra de las compañeras, una de las que se sientan en la primera fila, ¡dijo que ella tenía una definición matemática del billar!

—Bueno, creo que lo mejor es que lean sus definiciones.

—¿Ya empiezo, profesor? —preguntó otra vez la primera.

—Sí, sí, claro; por favor, pongan atención.

—Pues el billar es un juego de destreza que se ejecuta impulsando con el taco las bolas de marfil —al oír esto, murmuré para mí mismo: "Yo nunca he jugado con bolas de marfil; seguramente el diccionario era de su tatarabuelo". La muchacha continuó—: … en una mesa rectangular forrada de paño, rodeada de barandas elásticas con troneras o sin ellas.

Las troneras deben ser las buchacas, que se utilizan para el juego de *pool;* el de carambola no tiene buchacas y las barandas aquí se llaman bandas.

—La mesa se halla rodeada por rebordes (bandas) de unos 5 cm de altura —prosiguió mi compañera—, de caucho o con resortes metálicos, recubiertos por el mismo paño verde que cubre el tablero y bien tirante. Hay dos clases de mesas: las pequeñas, sin troneras (francesas o de carambola), y las grandes, con seis troneras, cuatro en los ángulos y una en la mitad de cada banda larga. Los tacos deben tener una longitud de 1.30 a 1.45 m. Suelen construirse de fresno, aliso, carpe o de otra madera dura; en su extremo grueso o maza llevan un talón de marfil, y en el extremo delgado una virola del mismo material y una arandela de cuero, plana por el lado que va pegado a la virola y convexa por el que se han de empujar las bolas.

Muchas de esas cosas no las sabía, pero de lo que estoy seguro es que ni mi taco, ni ningún otro del billar que frecuento, tiene marfil. La verdad es que mi taco, aun sin marfil, prácticamente "juega solo", como se dice por allí.

—Las bolas de marfil, o de bonjolina —continuó mi compañera—, han de ser completamente esféricas e iguales, y de las tres que se emplean en el juego de carambola una se pinta de rojo (mingo) y otra (blanca) se marca con un punto negro. La tercera (blanca) no requiere ninguna marca. Entre los juegos más importantes figuran el de carambola, el de palos y el de treinta y uno. En el de carambola, el objetivo que persigue el jugador es tocar con su bola las otras dos, procurando situarlas siempre de manera que al volver a tirar pueda tocarlas de nuevo fácilmente, pues mientras toca con la suya las otras dos, sigue tirando; si falla entra en juego el adversario. Los partidos de carambola pueden ser entre dos o más personas agrupadas en dos o tres bandos. En el juego de palos, los cuales se colocan en el centro de la mesa, el objeto que persigue el jugador es hacer el mayor número de tantos posible, dejando tapado al adversario; es decir que entre su bola y las otras se interpongan los palos para que no pueda tirar más que por tabla.

Yo estaba seguro de que la mayoría de la clase no sabía lo que es una tabla o tablita, como le decimos los que sí sabemos...

—En el juego de treinta y uno —seguía hablando nuestra compañera—, los jugadores (que pueden ser hasta 16) se numeran para tirar, echando las bolas al azar. Estas bolas llevan un número del cual cada poseedor no da cuenta a sus contrarios para que ignoren los tantos que debe hacer hasta completar 31, pues el número de su bola equivale a tantos que se suman a los que haga en su tirada.

La verdad es que nunca había oído hablar de este juego ni lo he visto jugar. "Se podía haber ahorrado la descripción", pensé.

—¿Terminó?

—Sí, profesor.

—Bueno, levanten la mano los que entendieron.

Esto fue, durante el curso, una de las pocas ocasiones en que me sentí realmente satisfecho de mí, pues no sólo iba a levantar la mano, sino que, además de haber entendido, estaba seguro de que podía repetir la definición y sabía más de lo que se había dicho.

Pensé entonces que debe ser muy satisfactorio entender siempre y ser buen estudiante.

—¿Cómo? Sólo tres entendieron. Bueno, ahora escuchemos la otra definición, la matemática.

—Profesor, yo saqué la definición de un libro de matemáticas de un ruso llamado Serge Tabachnikov donde dice… Bueno, a ver si está bien porque está escrito en inglés y tal vez haya palabras que no traduje bien: una mesa de billar es una variedad riemanniana M con frontera suave a pedazos. El sistema dinámico del billar en M está generado por el movimiento libre de un punto (llamado bola) donde se acumula la masa sujeto a la reflexión en la frontera. Esto quiere decir…

En ese momento me dieron ganas de chiflar como cuando en el futbol piden que se acabe un partido.

—… que un punto se mueve según una geodésica en M con velocidad constante (digamos 1) hasta que golpea la frontera. En un punto suave de la frontera la bola de billar se refleja de manera que la componente tangencial de su velocidad siga siendo la misma mientras que la componente normal cambia de signo…

¡Otra vez no entendí! ¡Como cuando no estudio la lección!

—… en dimensión 2 esta colisión se describe con la bien conocida ley de la óptica geométrica: el ángulo de incidencia es igual al ángulo de reflexión…

Por fin entendí una frase completa y no palabras sueltas, aunque aquí sólo se habla de una bola.

—Listo, profesor.

—Bueno, bueno, muy interesante…

Yo estaba seguro de que ni siquiera el profesor había entendido. De repente, cuando se iba a hacer un silencio incómodo, un alumno interrumpió y con gran honradez dijo:

—Yo sigo sin saber qué es el billar; no entendí nada pero cuando era más chico vi una película: un pato daba una definición más clara; es decir, es una definición "patito" pero más fácil de entender.

La clase estalló en carcajadas, rompiendo la tensión de lo incomprensible.

—Silencio, por favor, más seriedad.

—No, de verdad, profesor, déjeme explicarlo en el pizarrón.

—De acuerdo.

—En la película *Donald en el país de las matemáticas* [*Donald in Mathmagic Land*] una mesa de billar también se define como la unión de dos cuadrados donde el rebote de la bola es tal que el ángulo de entrada (mientras hablaba, el compañero iba dibujando la figura en el pizarrón) y el ángulo de salida son iguales, como lo indico aquí (figura II.1).

"Se pueden jugar distintos juegos como la carambola o el juego de palos, entre otros. Cuando hay hoyos en las esquinas y a la mitad de cada banda larga, el juego se llama *pool* o *snooker*".

El profesor sonrió y preguntó:

—Está claro, ¿entienden?

—Sí —contestó la clase al unísono.

—Bueno, y el dueño del taco que nos visitó la semana pasada ¿no nos va a decir hoy algo sobre el billar?

La cabeza me empezó a dar vueltas y me vino a la mente

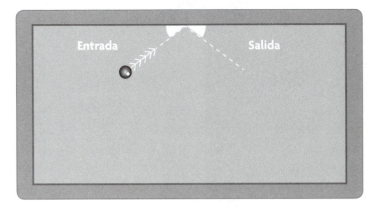

Entrada   Salida

FIGURA II.1

una carambola que me acababan de enseñar, así que, aunque por la nuca me cayeran goterones de sudor por no haber preparado nada, me levanté y me acerqué al pizarrón.

—Estoy tratando de hacer una carambola de tres bandas con esta configuración (figura II.2). Para eso tengo que usar efectos y pegarle a cierta "altura" a una de las bolas, además de vislumbrar la geometría de la carambola —no sabía qué más decir, así que se me ocurrió enseñarles los efectos.

"Empecemos por los efectos —pontifiqué—. Una bola se puede representar como un disco donde el punto O es el punto más cercano a nosotros —usualmente lo mal llamamos centro—, AB es el meridiano principal y CD es el ecuador. Además, la línea punteada representa una bola dentro de la bola de billar, que se puede ver también como una bola con el mismo centro que la bola original y cuyo radio es de dos tercios de la bola original (figura II.3).

"Un punto importante es el punto N que se encuentra sobre el meridiano principal AB del radio de la bola por encima del centro. Al golpear la bola en la zona del anillo, resulta que la bola no se impulsa adecuadamente. El taco se barre, pues no golpea a la bola sólidamente.

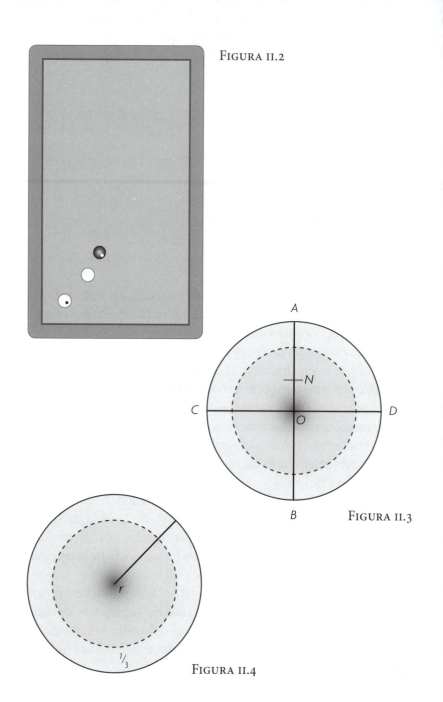

FIGURA II.2

FIGURA II.3

FIGURA II.4

"Hagamos otro dibujo que represente la bola para indicar los efectos más sencillos. Con el taco vamos a escoger, por ahora, golpear la bola siempre sobre el ecuador. Tenemos que hacerlo entre los puntos E y F (figura II.5) que están cerca del borde de la bola. Al golpear la bola en el centro O no hay ningún efecto. La bola rebotará sobre cualquier banda, como lo indica el pato Donald en su definición sobre el billar, de manera que el ángulo entrante sea igual al ángulo saliente (figura II.6a). Fijémonos ahora en los puntos M y M' que están al borde de la bola. Para obtener buenos efectos, el taco debe golpear esos puntos (figura II.6b). Por ejemplo, si la bola está colocada como se indica en la figura y el taco la golpea en el punto M, es decir, con efecto del lado izquierdo, ésta adquiere una rotación (figuras II.7a y II.7b). Si el efecto se aplica al lado derecho, es decir, en el punto M', sucede lo que muestran las figuras II.8a y II.8b".

—Bueno, bueno, joven, por hoy basta de clases de billar. La próxima vez quiero discutir un poco más la física involucrada. En cuanto a las dos primeras definiciones, si de antemano uno no sabe lo que es el billar, se queda sin saberlo. Me gustaría saber si pueden averiguar qué tan viejo es este juego.

¡Uff!, a pesar de no haber preparado nada, la había librado.

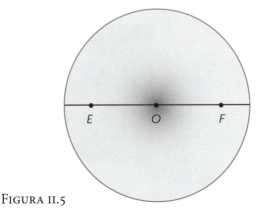

Figura II.5

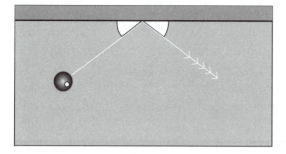

Figura ii.6a

Figura ii.6b

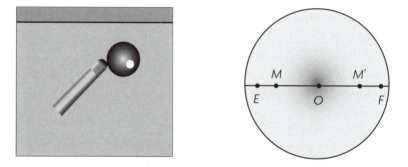

Figura ii.7a. *Al chocar contra la banda ya no lo hace de la misma manera que cuando se le pega en el centro, como se indica en la figura II.7b.*

Figura ii.7b. *Esta vez el ángulo entrante resulta ser menor que el ángulo saliente.*

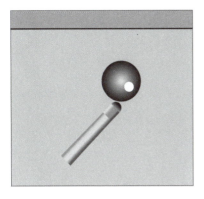

FIGURA II.8a. *Al darle a la bola un efecto derecho, ésta realiza un giro que hace que el ángulo entrante sea mayor que el saliente, como se indica en la figura II.8b.*

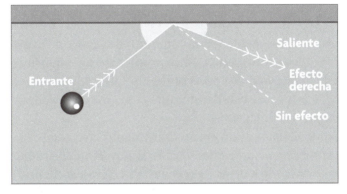

Saliente

Efecto
derecha

Entrante

Sin efecto

FIGURA II.8b. *Todos estos efectos se pueden combinar si se golpea la bola, no en el ecuador, sino más arriba o más abajo.*

FIGURA II.9

III. Primer sueño

Me pasé varias semanas en las que, aun dormido, pensaba en el billar. Empecé con sueños sobre propiedades geométricas sencillas del billar y poco a poco se fue complicando la cosa. Incluso lo que leía sobre el billar durante el día me daba vueltas en la cabeza por las noches.

Comencé pensando en no usar ningún efecto sobre las bolas, y entonces me pregunté: ¿cuál es la trayectoria que sigue una bola para pegarle a otra? La respuesta es clara y fácil: una recta, o más precisamente un segmento de recta (figura III.1).

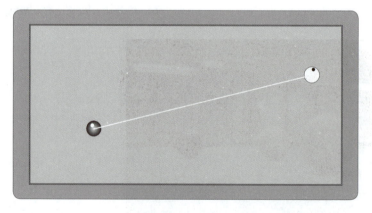

FIGURA III.1

La pregunta se vuelve más interesante si pedimos que se indique, en una situación como la que muestra la figura III.2, hacia dónde debe enviarse la bola del punto *A* para que pegue en la banda indicada (ℓ) y luego choque con la bola roja, *C*. Obsérvese que en este caso ambas bolas están a la misma distancia de la banda.

Recordemos que es indispensable que el rebote sobre la banda sea tipo billar, es decir que el ángulo de entrada y de salida al rebotar deben ser iguales. En realidad se debe determinar hacia qué punto de la banda hay que lanzar la bola *A,* pues si el rebote es de tipo billar, la trayectoria de entrada determina la trayectoria que seguirá la bola a partir de la banda, como se indica en la figura III.3.

Al estar los puntos *A* y *C* a la misma distancia de la banda, es fácil descubrir que el punto *B* hacia donde debe lanzarse *A* deberá ser el punto medio de A_1 y C_1, donde A_1 y C_1 son las proyecciones de *A* y *B* sobre ℓ, pues así los ángulos ABA_1 y CBC_1 serán iguales. Hay argumentos muy distintos que llevarán a esa conclusión. Tal vez el más convincente sea el que usa triángulos rectángulos congruentes (figura III.4).

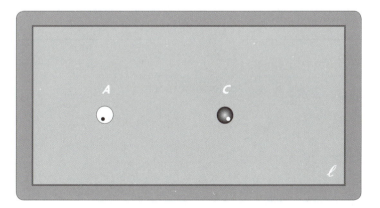

FIGURA III.2

Como la trayectoria tiene que ser de tipo billar, tenemos que $\sphericalangle ABA_1 = \sphericalangle CBC_1$; además, $\sphericalangle AA_1B = \sphericalangle CC_1B = 90°$, y por hipótesis $AA_1 = CC_1$. Los triángulos ABA_1 y CBC_1 son congruentes y, en consecuencia, $A_1B = BC_1$, de donde B tiene que ser el punto medio de A_1C_1.

Pero el problema entra de lleno en el ámbito matemático si las bolas no están a la misma distancia de la banda (figura III.5). Este problema no es sencillo, ya que requiere una construcción geométrica para poder resolverlo.

Recordemos las propiedades básicas de la simetría. En realidad, basta recordar las propiedades básicas de la mediatriz de un segmento: si ST es un segmento y MR es la mediatriz, en-

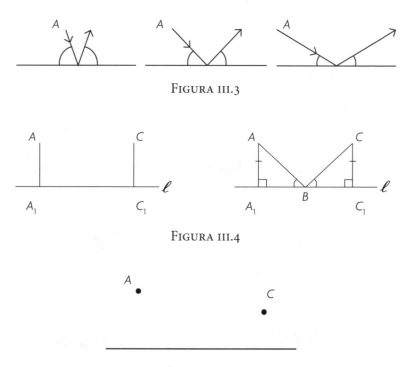

Figura III.3

Figura III.4

Figura III.5

tonces para cualquier punto M sobre la mediatriz se tiene $MS = MT$ (figura III.6).

Para encontrar una solución al problema, ¿a qué punto de la banda hay que lanzar la bola A para que, cuando rebote, choque con la bola C? Empezaremos suponiendo que existe una solución y trataremos de caracterizar esa solución para después elaborar una construcción directa.

Es importante recordar que el rebote será de tipo billar, es decir que el ángulo de entrada será igual al ángulo de salida. Supongamos primero que hemos logrado resolver el problema. La bola A sigue la trayectoria que se indica en la figura III.7 hasta llegar al punto C, pasando por el punto B, con un ángulo

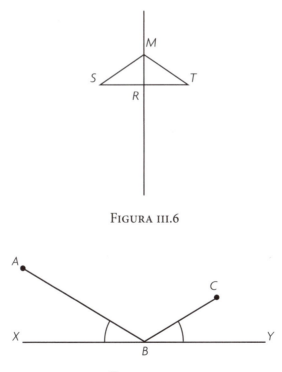

FIGURA III.6

FIGURA III.7

de salida igual al de entrada, es decir que $ABX = CBY$. Es más, si prolongamos AB más allá del punto B, obtendremos una recta o semirrecta simétrica a la semirrecta BC, respecto de XY. Denotemos con BZ a esa semirrecta.

El ángulo YBZ es igual al ángulo YBC, pues ambos son iguales al ángulo ABX. Sobre la recta BZ hay un punto C' simétrico de C respecto de la recta XY. Es claro que los puntos A, B y C' están alineados, ya que todos pertenecen a la recta AZ (figura III.8).

Todo esto se cumple si la trayectoria es de tipo billar y va de A a la banda (recta XY) y rebota para llegar a C. Es decir que para reconstruir la trayectoria tipo billar lo que tenemos que hacer es encontrar el punto B donde rebota la bola. Y esto, después del análisis que acabamos de hacer, se efectúa a partir de C' simétrico de C respecto de XY, y luego trazando la recta AC'. La intersección de AC' con XY es el punto B que estamos buscando y donde debe rebotar la bola. Así, la trayectoria debe ir de A a B y a C. Como observamos que ABC' están alineados, la trayectoria más corta de A a C' es el segmento que une a A con C' (figura III.9).

Es interesante observar que la longitud AC' es igual a la longitud $AB + BC$, ya que BC es igual a BC' y AB es común en

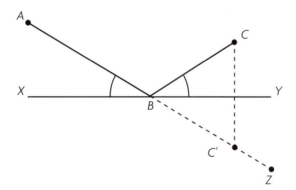

FIGURA III.8

ambas trayectorias. Cualquier otra trayectoria será más larga que AC', ya que si tenemos una trayectoria $AD + DC$ y si tomamos C' simétrico de C respecto de XY, la trayectoria $AD + DC'$ es igual a la trayectoria $AD + DC$, pero $AD + DC'$ será mínimo cuando A, D y C estén alineados, es decir, cuando D sea el punto B (figura III.10). Es importante observar que en este caso el ángulo de salida no es igual al ángulo de entrada. ¡La trayectoria no es una trayectoria de tipo billar!

En conclusión, construir la trayectoria de tipo billar de A a la banda y a C es equivalente a construir la trayectoria más corta de A a la banda y a C. Se puede hacer con C' simétrico de C respecto de XY, luego uniendo AC' y tomando la intersección

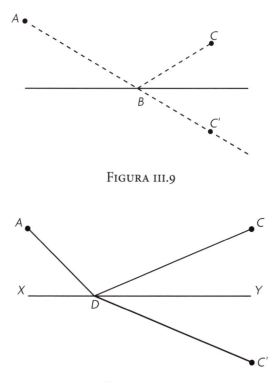

FIGURA III.9

FIGURA III.10

B entre *XY* y *AC'*. Así se obtiene una trayectoria de tipo billar *AB* + *BC* que además es la más corta.

Observemos que en el caso anterior la banda hacia donde hay que lanzar la bola *A* está fija, pero ¿cómo saber a qué banda hay que tirar? Podríamos tirar a cualquiera de las bandas, pero en tres casos la trayectoria no sería la mínima, como se puede ver en la figura III.11 donde la trayectoria no punteada es la mínima.

Denotemos por $A_1, A_2, A_3, A_4, C_1, C_2, C_3$ y C_4 las proyecciones de *A* y *C*, respectivamente, sobre *XY, YZ, ZW* y *WX*.

Usando el teorema de Pitágoras podemos encontrar la longitud de cada trayectoria. Los cálculos son aburridos y repetitivos, así que dejaremos que el lector se entretenga haciendo las cuentas correctamente y así deduzca que la trayectoria más corta de las cuatro posibles es la que corresponda al mínimo de los siguientes números:

$$A_i C_i^2 + (AA_i + CC_i)^2 \text{ con } 1 \leq i \leq 4$$

Este último término sólo depende de *A*, de *C* y de sus proyecciones, es decir, de la posición de las dos bolas.

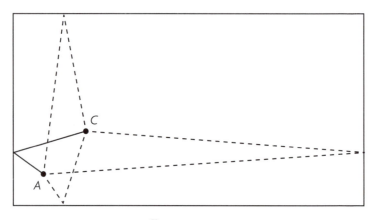

FIGURA III.11

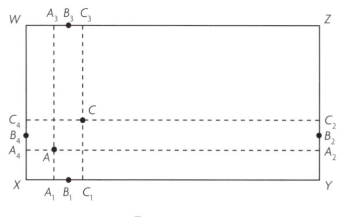

FIGURA III.12

DOS BANDAS

Ahora analicemos el problema con dos bandas perpendiculares; esto es, desde el punto A donde se encuentra una bola la trayectoria debe ir a una banda, luego a la otra banda, que es perpendicular a la primera, y de allí al punto D, donde se encuentra la otra bola, como se indica en la figura III.13.

No consideraremos el caso de dos bandas paralelas. Nuevamente los rebotes en las bandas serán de tipo billar. Procederemos como en el caso anterior, usando simetrías, primero respecto de la recta XY, y luego respecto de la recta YZ. D se transforma en D_1 y luego en D_2. Así, la trayectoria que buscamos es la trayectoria AD_2. Nótese que AD_2 corta a XY en el punto B, y a ZY en el punto C_1 (figura III.14).

Al "deshacer las simetrías", el punto C_1 tiene por simétrico a un punto C sobre el segmento ZY. Así obtenemos los puntos B y C que determinan la trayectoria buscada y que, por las simetrías, es una trayectoria de billar. Además, por argumentos similares a los del caso anterior, se trata de la trayectoria más corta de A a D, tocando las bandas XY y YZ (figura III.15). En

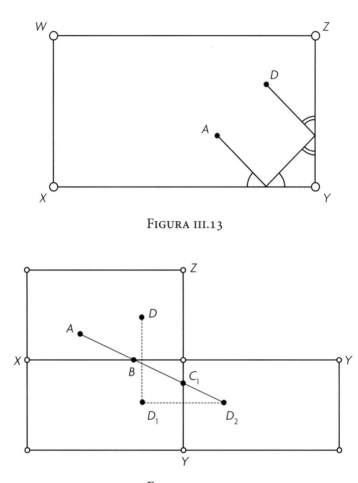

FIGURA III.13

FIGURA III.14

efecto, la trayectoria más corta de A a D_2 está dada por el segmento de recta AD_2. Observemos además que, al determinar B, queda perfectamente definido C.

Si seguimos el razonamiento anterior en la figura III.16, hay que iniciar con la simetría respecto del lado XY y luego con otra respecto del lado ZY, con la que se obtiene esta figura. Nóte-

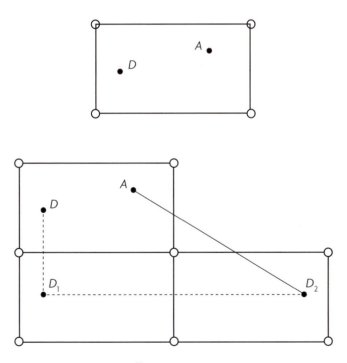

FIGURA III.15

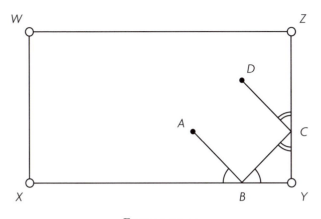

FIGURA III.16

se que una parte del trayecto de A a D_2 está fuera de los rectángulos que aparecen al hacer las simetrías.

Sin embargo, si se empieza con una simetría respecto de YZ, el problema queda arreglado, y con un razonamiento análogo al del caso anterior se obtiene la trayectoria. A decir verdad, la simetría respecto de XY no se usa directamente, pero si se empieza con la simetría respecto de XY obtenemos el mismo punto (figura III.17).

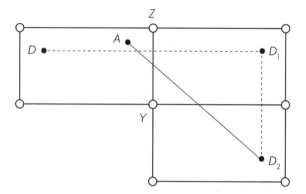

Figura III.17

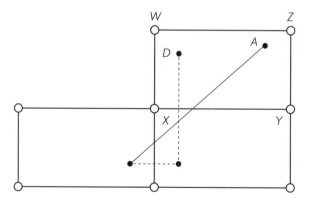

Figura III.18

Es más, se puede elegir la banda a la que uno quiere tirar primero, con lo que el punto de la otra banda queda determinado y así se logran distintas trayectorias que dependen de las bandas. En la figura III.18 primero se tira a *XY* y en la figura III.19 primero se tira a *YZ*. En la figura III.20 primero se usa la banda *XY* y luego la banda *XW*. Si escogemos *ZY,* la trayectoria debe seguir hacia *XY,* como se indica en la figura III.21.

En ciertos casos, dependiendo de la colocación de las bolas, es imposible empezar tirando a cierta banda, como se muestra en la figura III.22.

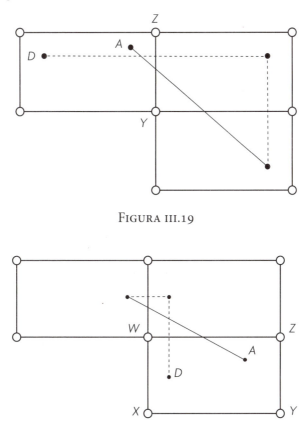

FIGURA III.19

FIGURA III.20. *Banda* WZ *y luego* WX.

Si tiramos a la banda *WX*, la trayectoria sigue hacia la banda *XY* o bien hacia *WZ*. En ambos casos tocamos primero una de las bandas largas. Esto quiere decir que es imposible empezar tirando a la banda *XW* y llegar a la bola *D* después de tocar una de las bandas perpendiculares a *XW*, es decir, las bandas largas, *XY* o *WZ*.

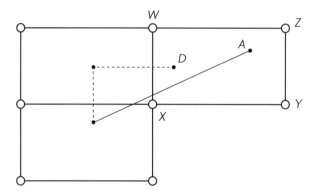

FIGURA III.21. *Banda* XW *y luego* XY.

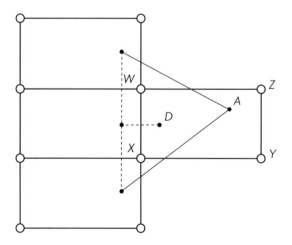

FIGURA III.22

Ahora abordemos el caso de las tres bandas. Entre este tipo de carambolas existe una jugada muy común, a la que, en el argot de los billaristas, se le llama "tablita", la cual es un reto para el jugador, ya que requiere mucha precisión. Para realizar esa jugada es necesario que dos bolas se encuentren en tal posición que sea posible atacar a ambas después de tocar tres bandas. Este caso es muy similar al anterior y se resuelve usando nuevamente simetrías. Más adelante lo analizaremos con detalle, pues Donald, en su película sobre matemáticas, da una solución que resulta equivalente a la que emplea simetrías. La figura III.23 explica por sí sola la forma de proceder en este caso.

Cuatro bandas

Denotemos la mesa rectangular como $XYZW$ e imaginemos el siguiente problema: tomemos dos bolas, A y B; ¿hacia dónde

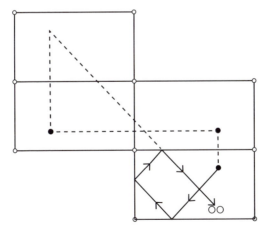

Figura III.23

tiene que ser lanzada la bola A para que después de cuatro rebotes sucesivos en los lados XY, YZ, ZW y WX llegue al punto en el que está la bola B? ¿Siempre habrá una solución? ¿La trayectoria que buscamos siempre será el camino más corto, que empieza en A, golpea los bordes en el orden indicado y termina en B?

Consideremos el punto dentro del rectángulo $XYZW$ y tomemos simetrías sucesivas respecto de XY, YZ, ZW y WX, como se indica en la figura III.22. La primera simetría es respecto a XY, la segunda respecto al simétrico de YZ, la tercera respecto al simétrico del simétrico de ZW, y así sucesivamente. Al realizar estas cuatro simetrías o reflexiones se obtienen sucesivamente los puntos B_1, B_2, B_3 y B_4. Tracemos la recta AB_4 y retomemos las simetrías. Obtenemos los puntos P_1, P_2, P_3 y P_4 sobre

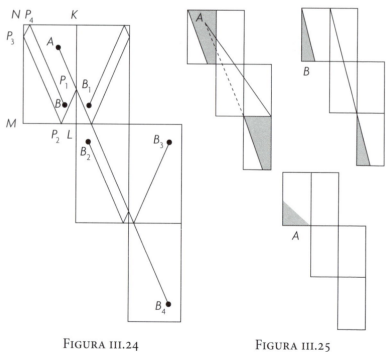

Figura III.24   Figura III.25

FIGURA III.26

las bandas que determinan la trayectoria AP_1, P_2, P_3, P_4, B que es claramente el camino más corto que lleva de A a B tocando las cuatro bandas o lados de la mesa (figura III.24).

Cuidado, el problema no siempre tiene solución para toda posición del punto A. Por ejemplo, para el punto A que se indica en la figura III.25, el punto B debe encontrarse en la zona sombreada o zona de tiro. Además, se tiene una zona muerta para B en la que, sin importar en qué posición esté B, nunca podremos alcanzarlo con una trayectoria del tipo que se pide. La zona muerta de B está sombreada. Lo mismo sucede con la zona muerta de A.

En nuestros razonamientos, las medidas de la mesa de billar no han sido esenciales y todos los problemas que hemos imaginado tienen como fundamento las operaciones de simetría.

IV. De Luis XI a Paul Newman

Varios compañeros se acercaron a mí para preguntarme qué sabía yo de la historia del billar. La respuesta fue: nada. Yo sólo sabía jugar carambola y me habían regalado un taco al que, aunque me encantaba, a veces veía como un regalo peligroso. Pero cada vez que buscaba algo sobre la física del billar, me topaba con textos sobre su historia, así que les di toda la bibliografía que encontré y con la cual hicieron el siguiente trabajo.

El billar es uno de los juegos más antiguos de la humanidad. Según Anacarsis,* en el siglo IV antes de nuestra era, los griegos jugaban con bolas sobre el suelo ensayando pegarles a unas con otras. Algunos historiadores consideran esta práctica como un precedente del billar. Hay indicios de que Cleopatra era una gran aficionada a lo que fue un primitivo juego de billar, también practicado sobre el suelo y en el que se empleaban unos palos similares a los del golf para golpear las bolas.

Sin embargo, se cree que el ancestro del billar es una especie de croquet que se juega sobre pasto con un palo curvo que sirve para empujar bolas de unos 10 centímetros de diámetro. Ese palo tiene una gran importancia histórica. No es sino hasta finales del

* Príncipe escita (un antiguo pueblo del sureste de la actual Rusia). Viajó mucho por Grecia, donde adquirió la reputación de sabio.

siglo xv cuando aparecen los primeros vestigios del juego de billar, tal como lo conocemos actualmente.

Si bien franceses e ingleses se disputan la invención del billar moderno, paradójicamente la escuela francesa asegura que su inventor fue el inglés Bill Yar; mientras que la tradición inglesa sostiene que fue Henri Devigne, un ilustre artesano de la corte de Luis XI. Sea quien fuera el que haya inventado el billar, la primera mesa la diseñó y construyó el maestro ebanista-carpintero Devigne hacia 1429 por orden del rey Luis XI, para que fuera instalada en su residencia preferida, el castillo de La Bastilla. Medía ocho pies de largo por cuatro de ancho (las mismas proporciones de las que habla el pato Donald en su definición del billar) y pesaba 618 libras. Cuatro capas de tela de Elbeuf recubrían la losa de piedra que reposaba sobre la estructura de madera. En esa época la bola era impulsada con un bastón curvo y el objetivo era hacerla pasar a través de un arco. En Francia el éxito del billar fue inmediato, lo mismo que en Inglaterra. En efecto, en 1576 la reina María de Escocia se lamentaba por no poder jugar billar en prisión.

En América, la primera mesa de billar apareció en Florida, llevada ahí por los españoles en 1565.

En 1674 Charles Cotton escribió el primer reglamento sobre el billar, varias de cuyas reglas aún son vigentes hoy en día; por ejemplo, la de que al menos un pie del jugador debe estar tocando el suelo cuando tira (figura IV.1).

Luis XIII, apodado *el Justo*, proclamó en 1617 el final de la Regencia de su madre, María de Médicis, en el Palacio del Louvre, subido en una mesa de billar. Pero fue Luis XIV quien lo puso de moda, pues uno de sus médicos le prescribió, como remedio para facilitar la digestión, jugar una partida de billar después de la comida.

Entre 1550 y 1630 el juego de billar se conviirtió en una costumbre. Para entonces en París existían entre 120 y 150 mesas de distintos tamaños: 12 por 6, 10 por 5, 8 por 4 y, las más pe-

Figura iv.1

queñas, de 6 por 3 pies. Nótese que todas las mesas de esa época tienen las mismas proporciones propuestas por el pato Donald. Son los nobles, los burgueses, los estudiantes y los *valets* quienes practican el juego.

El 16 de mayo de 1634 por primera vez se utiliza la palabra *academia* para designar una sala de billar. El cardenal Richelieu, gran amante del juego, funda en 1636 la Académie Royale para que ahí practique y socialice la nobleza. En ese establecimiento son educados 20 hijos de gente pobre, a quienes se mantiene gratuitamente junto con otras 50 personas que pagan pensión. El programa educativo contemplaba educación militar, matemáticas, historia, esgrima y billar. Para graduarse y ser aceptado en el cuerpo de los mosqueteros del rey era indispensable que el aspirante fuera un billarista excelente.

Cuando me enteré de lo anterior, no pude menos que pensar que ponían a las matemáticas y a la historia al mismo nivel del billar, o más bien al revés, por lo cual cada vez estoy más convencido de que este juego no es de vagos.

En la literatura, una de las primeras referencias al billar es la que hace William Shakespeare en su obra *Antonio y Cleopatra*, escrita en 1607. En el acto II, escena V, aparece el siguiente diálogo:

Cleopatra:	Toquen música para mí, música alimento espiritual de los que vivimos el amor.
Acompañante:	¡Música, pronto!
Cleopatra:	No, que no se le llame; vamos a jugar billar. Ven Carmiana.
Carmiana:	Me duele el brazo; sería mejor que jugaras con Mardián.
Cleopatra:	Para una mujer tanto vale jugar con un eunuco que con una mujer. Vamos, ¿quieres jugar conmigo?
Mardián:	Haré lo que pueda, señora.

En el siglo XVIII se desarrollaron numerosas variantes de juegos en mesas de billar; en particular desaparecieron los arcos o anillos por donde debían pasar las bolas. Las mesas de madera fueron recubiertas por un paño verde, como una manera de emular el pasto. Las bandas, inicialmente de madera, se recubrieron con varias telas para que la bola rebotara mejor. En ese mismo siglo apareció la bola roja, a la cual denominaron *carambola,* que sirve precisamente para jugar este juego.

El primer estudio científico sobre el billar fue una obra de Jean-Jacques Dortus de Mairan, conocido como Monsieur de Mairan, escrita en 1728, aunque ya en 1588 fue impreso en París el primer tratado sobre el tema, y en 1696 el segundo en La Haya.

En Estados Unidos, el billar se extendió rápidamente en todas las colonias; de hecho, se tienen noticias de que George Washington ganó un pequeño torneo en 1748.

El equipamiento del billar mejoró rápidamente a partir de 1800, en gran medida gracias a la Revolución industrial. La tiza empezó a usarse en esa época para incrementar la fricción entre el taco (que entonces tenía la punta de madera) y la bola. Sin embargo, el mayor innovador en lo que al taco se refiere fue François Mingaud.

Mingaud fue encarcelado en París por opinar con demasiada libertad sobre el gobierno en turno. Este preso político ingresó a una prisión que contaba con una mesa billar para esparcimiento de los reclusos. Todos los días Mingaud iba a jugar, de manera que se volvió bastante hábil. Fue entonces cuando se le ocurrió colocar un pedazo de cuero sobre la punta del taco para que éste no se patinara y fuera posible darle mejor efecto a la bola (figura IV.2).

Cuentan que cuando cumplió su sentencia, solicitó permanecer un año más en la prisión para seguir practicando con su "taco modificado" (actualmente, a ese pedazo de cuero que remata la parte delgada del taco se le llama *botana*). Durante ese

FIGURA IV.2

año se volvió un verdadero experto, pues empleaba una técnica que era desconocida por los demás. Al salir de prisión, se ganó la vida apostando y dando exhibiciones de billar. Bastaron pocos años para que François Mingaud fuese conocido como *el gran maestro del juego.*

La anécdota más conocida de Mingaud ocurrió durante su visita a una ciudad del norte de Francia, donde entró a un café en el que un jugador relataba sus aventuras en el billar cuando estuvo de paso por París. El grupo escuchaba con atención al fanfarrón que contaba que había conocido al tal Mingaud y que no era tan bueno y, sobre todo, que no era el experto que creía ser. Presumió que aunque le diera a Mingaud una ventaja de tres carambolas para hacer 21, le ganaría. Entonces llegó el mesero con tres bolas, el brabucón tomó el taco y trató de hacer algunas carambolas de fantasía, explicando lo que quería hacer, pero resultó un fracaso.

Mingaud, que escuchaba sin decir palabra, se acercó, tomó el taco, retiró una de las bolas y con un golpe seco puso en movimiento la bola blanca, que chocó en el centro de la roja. Ante la sorpresa del grupo la bola blanca salió hacia atrás después del choque. El mesero recogió las bolas pensando que estaban endemoniadas y trajo unas nuevas. Mientras tanto, Mingaud arregló una partida con el recién llegado de París, que gustoso aceptó jugar e incluso le dio una ventaja de cinco carambolas. El maestro se dejó ganar. Entonces, Mingaud lo retó sin ventaja alguna, pero con una apuesta de por medio. Por supuesto, le ganó. Después dobló la apuesta y le dio a su oponente 15 carambolas de ventaja sobre 21. Mingaud volvió a ganar. Los espectadores estaban con la boca abierta, pues en el último juego sólo le permitió una carambola a su contrincante.

Al terminar, el maestro exclamó:

—¿Y ahora, señor, se siente usted igual de seguro para enfrentarse con los mejores jugadores de París?

—Derroté a muchos expertos allá. Usted debe ser el mismísimo diablo, pues nadie tiene tal dominio sobre las bolas. Ya no jugaré con usted.

—No, no es necesaria otra exhibición de su parte. Pero antes de irme quisiera aclarar que usted no dice la verdad —dijo Mingaud.

—Señor, no entiendo, yo…

—Calle, no quiero intervenciones de su parte. Seré breve. Yo soy François Mingaud y debe usted admitir, después de esta paliza, que mis habilidades son muy superiores a las suyas. Si usted no fuera tan presumido y mentiroso, yo me hubiese contenido y no habría pasado de ser un espectador.

Esta anécdota, cierta o no, nos permite apreciar la enorme diferencia que significó para el billar esa innovación en apariencia minúscula que fue la adición de la botana al taco. La botana pierde su efectividad después de mucho uso, pues se alisa y entonces provoca lo que en billar se llama un *taco,* un golpe en falso en el que el taco se patina y no golpea con firmeza la bola.

A otro billarista, el inglés Jack Carr, se le ocurrió que en lugar de cambiar a menudo la parte de cuero, sería mejor poner tiza a la punta (figura IV.3), lo cual evita los *tacos* y le da durabilidad al cuero. Hacia 1820, Carr, quien era un verdadero estafador, viajó por toda Europa demostrando y vendiendo su "tiza mágica" a un precio exorbitante. Incluso daba lecciones, que por supuesto cobraba, de cómo usarla correctamente.

En Estados Unidos, debido al alto costo de las mesas de billar, el juego se convirtió en un deporte de ricos. La carambola se empezó a jugar en ese país gracias al entusiasmo de los oficiales franceses de aquella época, en particular del marqués de La Fayette. Hacia 1840, en ese país al billar se le asoció con el juego de *pool,* que toma su nombre por la forma en que se hacen las apuestas. El *pool* se juega en una mesa con seis buchacas o troneras. Los ingleses fueron quienes enseñaron a los estadunidenses cómo usar el efecto; por eso desde entonces en Estados Unidos se le quedó el nombre de *english.*

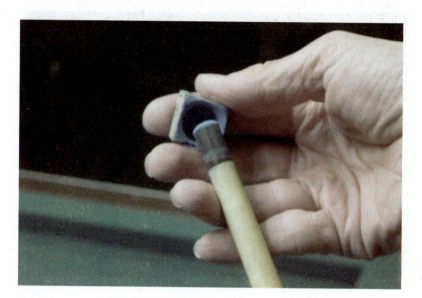

Figura iv.3

Durante el siglo XIX continuaron los cambios y las innovaciones técnicas en las mesas de billar. Se prescindió de las mesas de madera, que fueron sustituidas por otras de mármol o de pizarra. Hacia 1845 Goodyear patentó el proceso de vulcanización, lo cual permitió agregar hule a las bandas en lugar de crines de caballo u otros materiales elásticos para que las bolas rebotaran mejor. También a mediados del siglo XIX, en 1868, aparece el celuloide, y luego la baquelita, materiales que poco a poco sustituyeron el marfil de las bolas.

Exactamente a la mitad del siglo, en 1850, el jugador Michael Phelan colocó los diamantes, que son los puntos que se encuentran sobre las bandas (figura iv.4) y que ayudan a calcular mejor los tiros. Posteriormente, en Nueva York, Phelan logró que el billar recobrara algo de la respetabilidad que había perdido, pues la costumbre de jugarlo con apuestas lo había convertido en un deporte de vagos.

Los cambios radicales que experimentó el billar propicia-

ron que las mujeres se retiraran de este deporte. A finales del siglo XVIII la ropa masculina era más holgada y permitía que el cuerpo se doblara y moviera con facilidad. Sin embargo, la ropa femenina, con corsés y varillas, hacía difícil que una mujer inclinara el cuerpo o se moviera cómodamente. Por eso ellas dejaron de jugar.

A lo anterior hay que sumar que muchos cafés con mesas de billar prohibieron la entrada a las mujeres y se convirtieron en refugio de hombres. Así, la asistencia a estos sitios se limitó a un público exclusivamente masculino. El humo de las pipas provocaba que la visibilidad sólo fuese buena en la parte que las lámparas, dispuestas sobre las mesas de billar, lograban iluminar.

En 1865, el mismo Michael Phelan organizó en Nueva York la Asociación Norteamericana de Jugadores de Billar, y en 1873 creó la Federación de Billar de Estados Unidos, encargada de establecer reglas y disposiciones nuevas sobre el juego y en particular de dictar los lineamientos para el uso de los nuevos materiales en mesas, bolas y tacos. Ese mismo año se llevó a cabo el primer torneo internacional de profesionales en Nueva York. La justa de aficionados no se realizaría sino 30 años después.

El juego también llamó la atención de los científicos. Durante el mismo siglo, el matemático francés Gaspard-Gustave Coriolis escribió el libro *Théorie mathématique des effets du jeu de billard*. El original de esta obra forma parte de la colección del museo del billar.

En 1865, Pierre Caume, en sus viajes alrededor del mundo, llevó el billar de carambola a Japón y a Sudamérica. En el siglo XX aparecen las reglas del billar en sus distintas modalidades.

De 1878 a 1956 se realizan campeonatos de *pool* y carambola casi todos los años y en el intervalo entre dos campeonatos se llevan a cabo retos entre dos jugadores.

Entre los mejores exponentes de esa época destacan Jacob Shaefer y su hijo Jake, Frank Tabaski, Alfredo de Oro, Johnny Layton y Maurice Vigneaux, un billarista francés que fue derrotado por Willie Hoppe, un joven de 18 años. Hoppe es una de las leyendas del billar, pues dominó el mundo de la carambola de 1930 a 1952.

En cuanto al *pool*, en 1941 empezó la era de uno de los grandes jugadores de este deporte: Willie Mosconi.

A principios del siglo XX, en la década de los treinta, en Latinoamérica se organizaron las primeras competencias de donde surgieron grandes figuras que incluso se convirtieron en leyendas en sus países de origen, como es el caso de Juanito Camacho en Bolivia; los hermanos Navarra y Marcelo López, en Argentina; José Enciso alias *Joe Chamaco* y Froylán Barroso, en México; Temilo Morán, en Venezuela, y Nelson Garín, en Uruguay, entre muchos otros.

Durante la segunda Guerra Mundial, los jugadores profesionales realizaron grandes demostraciones para distraer a las tropas. Sin embargo, después de la guerra los soldados tenían que rehacer su vida y les quedaba poco tiempo como para pasar las tardes enteras jugando billar. Poco a poco las salas de billar fueron desapareciendo y hacia los años cincuenta parecía que incluso el juego mismo pasaría al olvido.

No obstante, dos eventos rescataron el billar; uno ocurrido en 1961 y el otro en 1986. El primero fue el estreno de la película *The Hustler*, basada en la novela de Walter Tevis. El filme, en blanco y negro, acerca de un jugador de *pool* que es interpretado por Paul Newman, hizo que el sonido de las bolas de billar al chocar lanzara a los estadunidenses nuevamente a las salas de billar. Nuevas salas abrieron en los años sesenta y el *pool* floreció durante casi tres lustros.

El deseo de realizar actividades al aire libre generó el desinterés por el juego. Para 1985, en todo Manhattan sólo quedaban dos salones públicos para jugar este deporte.

En 1986 *The Color of Money*, una secuela de *The Hustler*, también protagonizada por Paul Newman y con el apoyo de Tom Cruise, volvió a atraer a los jóvenes al billar.

Desde entonces el número de salones ha ido creciendo de manera sostenida. Sin embargo, los billares actuales no se parecen en nada a los de principios del siglo XX, en los que cotidianamente se escenificaban grandes broncas y jugosas apuestas. Hoy en día, esos lugares ofrecen equipo de primera calidad, lecciones a cargo de expertos y la posibilidad de socializar. El billar ya no es de vagos. Las mujeres han vuelto a practicar el juego y frecuentan los mejores salones. Hay tantas mujeres profesionales que incluso podría formarse una asociación independiente de la de los hombres que organizara sus propios torneos.

Hoy es posible ver en la televisión los torneos más importantes, ya sean de hombres o de mujeres. El primer juego de este tipo televisado en Inglaterra, entre Joe Davis y Tom Newman, se transmitió en 1937.

En 1977 se creó la Confederación Latinoamericana de Billar,

la cual organizó en México su primera competencia continental en la modalidad de tres bandas. Es importante señalar que durante la entrega de los trofeos los jugadores solían describir y repetir algunas de las proezas que realizaron durante la competencia y aprovechaban para mostrar al público y a sus colegas difíciles y espectaculares tiros que requerían gran inventiva y fantasía.

Sin embargo, esa práctica se volvió común entre los jugadores, que sin reglas ni árbitros empezaron a realizar carambolas de fantasía; el ganador de estos torneos era el que recibía más aplausos del público. Los jugadores, en su afán de lograr la originalidad, introdujeron elementos extraños en el juego, como botellas, pañuelos y fichas de dominó, entre otros. Algunos alcanzaron gran fama por dedicarse a realizar exhibiciones profesionales en las que acostumbraban comentar cada jugada. A la larga, fue necesario reglamentar dichas competencias, con lo cual surgió el billar artístico o de fantasía.

México se ha convertido en el segundo país en orden de importancia en practicar el billar. En 2006 se llevó a cabo en San Luis Potosí el Octavo Torneo Nacional de Tres Bandas, con la participación de 120 jugadores, de los cuales 16 eran maestros de este deporte.

En Guatemala, cuya población total apenas rebasa los 13 millones de habitantes, hay 90 000 mesas de billar.

El Congreso Americano de Billar ha insistido en que este juego se convierta en un juego olímpico, lo cual no parece que ocurrirá pronto, pues no hay un organismo internacional que agrupe a las distintas organizaciones nacionales. No obstante, ¡algún día, sin lugar a dudas, el billar será uno más de los deportes olímpicos!

V. Segundo sueño

Este sueño me llevó a una de las partes que más me gustan sobre las matemáticas y el billar.

El máximo común divisor

El máximo común divisor de dos números tiene muchas aplicaciones. Para reducir fracciones es indispensable usar el máximo común divisor. Por ejemplo, para reducir la fracción 28/70 dividimos el numerador y el denominador entre el máximo común divisor, 14, y así obtenemos

$$\frac{28 \div 14}{70 \div 14} = \frac{2}{5}$$

Para calcular el máximo común divisor de dos números, éstos se descomponen en factores primos y se toman los factores comunes con la menor potencia.

Por ejemplo, $28 = 2^2 \times 7$ y $70 = 2 \times 5 \times 7$, de donde se concluye que el máximo común divisor de 28 y 70 es 2×7, es decir, 14.

El máximo común divisor de dos números se denota como *mcd*. Por ejemplo, *mcd* (28, 70) = 14.

Andrés Zavrotsky, investigador de la Universidad de los Andes, en Venezuela, inventó un aparato óptico que calcula el máximo común divisor, cuya patente registró en abril de 1961 (U. S. Patent 2978818). Para explicar cómo funciona este invento, trabajaremos con mesas de billar de forma rectangular, donde los lados tienen por longitud los números de los cuales queremos calcular el máximo común divisor. Siempre colocaremos las mesas de manera que, al representarlas en el papel, el lado más largo sea horizontal y el lado más corto, vertical. Hay que señalar que la longitud de cada lado debe ser un número entero, así siempre podremos pensar que la mesa está situada en el primer cuadrante de un sistema de ejes con un vértice en el origen.

En estos ejemplos siempre vamos a lanzar la bola empezando en el origen, de manera que ésta salga con un ángulo de 45° respecto de los ejes. Para dar un ejemplo de cómo funciona la máquina de Zavrotsky, tomemos los números 6 y 4. Así, colocamos 6 unidades en el eje X y 4 unidades en el eje Y.

Por comodidad, marquemos los puntos con coordenadas enteras (figura v.1) y tracemos la trayectoria de la bola que sale de 0

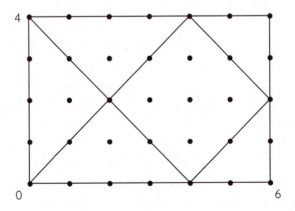

FIGURA V.1

59

formando un ángulo de 45° con los ejes. Al cabo de un número finito de rebotes de tipo billar, la bola llega a un vértice del rectángulo, donde detendremos la trayectoria. En el eje X hay un punto que es el más cercano al origen. En este ejemplo, tal punto corresponde a (4, 0). La mitad de la distancia de ese punto al origen resulta ser el máximo común divisor de 4 y 6, es decir, 2; dicho de otro modo, la distancia del origen a (4, 0) es el doble del máximo común divisor.

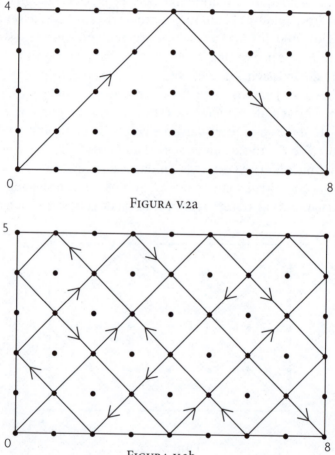

FIGURA V.2a

FIGURA V.2b

Es conveniente ver más ejemplos para convencernos de que, efectivamente, la distancia del origen al punto más cercano marcado por la trayectoria de la bola sobre el eje x es el doble del máximo común divisor (figuras v.2a y v.2b):

mcd (4, 8) = 4
Distancia = 8
mcd (5, 8) = 1
Distancia = 2

Las pruebas

En matemáticas, la observación no es suficiente y se requieren demostraciones o pruebas para determinar si una propiedad se cumple o no.

Primero comprobemos que si la bola empieza en el origen y sale a 45°, al cabo de un número finito de rebotes llega a una esquina distinta de la que salió, sin importar las dimensiones del rectángulo que consideremos, siempre y cuando éste no sea un cuadrado. Para probar este hecho curioso, hay que demostrar algunas propiedades intermedias.

Si el rectángulo tiene medidas m por n con $m > n$, tomemos la fracción m/n y sea p/q la fracción reducida igual a m/n, es decir, $p/q = m/n$, de donde $p \cdot n = q \cdot m$. Sea un cuadrado de lados mq y np. Desde luego que éste es el más pequeño que se puede formar con rectángulos de lados m y n. Por lo tanto, hay q rectángulos de lado m en el eje X y p rectángulos de lado n en el eje Y (figura v.3).

Si la bola empieza en el origen, a 45°, su trayectoria será la diagonal del cuadrado. Si desdoblamos la trayectoria de la bola, ésta llegará al vértice superior derecho del cuadrado que acabamos de construir. Al reconstruir la trayectoria tendremos que terminará en un vértice del rectángulo. Como vimos en el apartado anterior, es necesario localizar la mínima distancia entre el origen y la trayectoria sobre el eje X, así que es importante ha-

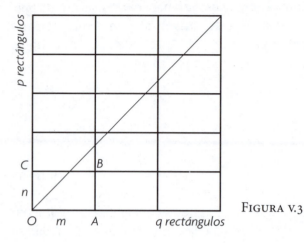

FIGURA V.3

cer notar que la trayectoria no va a regresar al origen. Para esto haremos el razonamiento siguiente: si suponemos que algo se cumple y por medio de esta suposición llegamos a alguna propiedad que es imposible, la suposición que nos llevó a algo erróneo es falsa y, por lo tanto, la opuesta es verdadera.

Si suponemos que la trayectoria vuelve al origen, para regresar debe seguir la trayectoria de salida, pues al haber salido a 45° no hay otra posibilidad, lo cual quiere decir que la bola va y regresa por el mismo camino sin pasar antes por un vértice del rectángulo. Esto es imposible, ya que el punto de regreso debe estar sobre una banda o dentro del rectángulo y no ser un vértice. Si la bola está dentro, seguirá su trayectoria en línea recta y no va a regresar al origen (figura v.4).

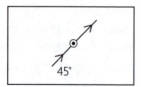

FIGURA V.4

Una inquietud que surge en este punto es saber en qué vértice terminará la trayectoria. Una forma de encontrar la respuesta es trazar el camino de la bola y verificar en qué vértice termina. ¿Pero qué pasa si tenemos un cuadrado de 2 831 por 52 329 unidades? En este caso, el método de trazar no es tan bueno, ya que nos llevaría mucho tiempo hacerlo y en ciertos casos sería casi imposible.

Utilicemos un argumento de paridad. Para esto, debemos asignar un color al punto (0, 0) y a todos los puntos, de manera alternada: un punto sí y otro no, es decir (0, 2), (0, 4), etc., (2, 0), (4, 0) … (1, 1), (1, 3) … como se ve en la figura v.5.

En realidad, los puntos no marcados son aquellos por los que *no* puede pasar la trayectoria. Es decir, ésta puede cruzar únicamente por los puntos marcados, ya que se empieza en el (0, 0) con una trayectoria que forma un ángulo de 45° con los ejes.

Empecemos por analizar el caso en el que ambos lados son impares. De los tres vértices adonde puede llegar la bola sólo el vértice superior derecho está coloreado, así que allí termina la trayectoria. No es sorprendente, ya que al colorear el (0, 0) no

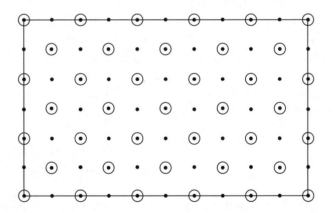

Figura v.5

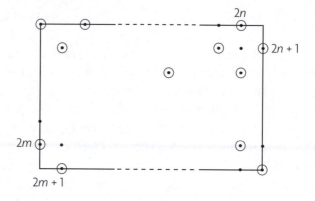

FIGURA V.6

se colorea el $(0, 2n + 1)$, pero sí se colorea el vértice superior derecho correspondiente a $(2m + 1, 2n + 1)$ (figura v.6).

Tomemos ahora como ejemplo una mesa de 5 por 3 unidades. Incluso en ésta se puede seguir la trayectoria de una bola (figuras v.7 y v.8). Con razonamientos análogos comprobamos que sólo en el vértice inferior derecho está el marcado en el caso par-impar.

En el caso impar-par, será en el vértice superior izquierdo donde termine la trayectoria.

Nos queda el caso par-par, el cual no permite llegar a una conclusión, ya que, como vemos en los siguientes ejemplos, la trayectoria puede terminar en cualquier vértice.

El lector podrá obtener resultados parciales al analizar los casos que son múltiplos de 2 pero no de 4; de 4 pero no de 8, etcétera (figuras v.9 a v.11).

LA MÁQUINA DE ZAVROTSKY
Y EL MÁXIMO COMÚN DIVISOR

Estamos listos para dar una idea de la demostración matemática de que, en efecto, la máquina de Zavrotsky procura el máxi-

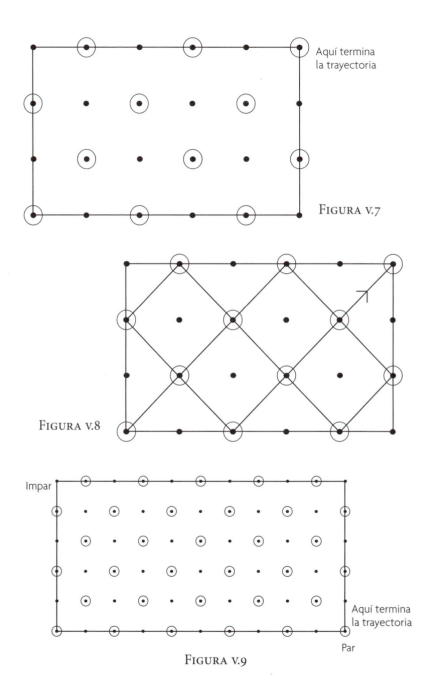

Aquí termina
la trayectoria

FIGURA V.7

FIGURA V.8

Impar

Aquí termina
la trayectoria

Par

FIGURA V.9

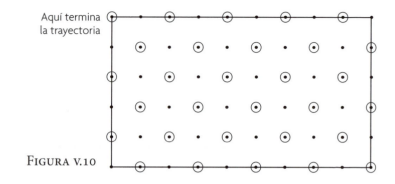

Aquí termina
la trayectoria

FIGURA V.10

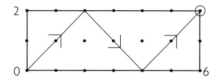

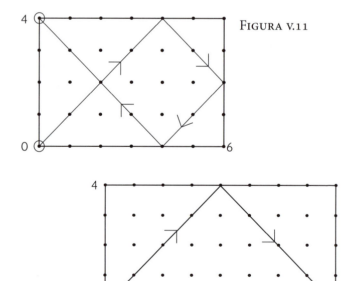

FIGURA V.11

mo común divisor entre *m* y *n*. La teoría de los números nos dice que:

$2mcd(m, n)$ = mínimo número positivo
de $\{2am + 2bm$, donde *a* y *b* son enteros$\}$

La prueba de esta propiedad se encuentra en cualquier libro de teoría de números, de manera que aquí no nos ocuparemos de ella. Tampoco haremos el caso general. En este texto sólo razonaremos en un caso particular, para que se entienda más claramente la prueba, ya que de allí se vislumbran los argumentos generales.

En una mesa de 8 m por 5 m marquemos la trayectoria de la bola que sale del origen a 45°. Ahora hay que construir un cuadrado cuyo lado horizontal tenga 8 rectángulos y cuyo lado vertical tenga 5. Desdoblemos la trayectoria anterior, que, como sabemos, será la diagonal del cuadrado de lado 40, en un caso 5 por 8, y en el otro 8 por 5, como se muestra en la figura v.12.

Todos los segmentos sombreados corresponden al segmento OA. Alternadamente van en el sentido OA, y luego al revés, es decir, A_1O_1, luego O_2A_2, después al revés, A_3O_3, y finalmente O_4A_4. Denotemos por $B_1B_2B_3$ las intersecciones de la diagonal con A_1O_1, O_2A_2 y A_3O_3, respectivamente.

Calculemos las distancias O_1B_1, O_2B_2, O_3B_3 y O_4A_4. Como B_1 está sobre la diagonal del cuadrado, B_1 está sobre la recta de la ecuación $y = x$; por lo tanto, tiene la misma abscisa y la misma ordenada, esto es, $B_1 = (2 \times 5, 2 \times 5)$.

El punto O_1 tiene coordenadas $(2 \times 8, 2 \times 5)$. Así, la distancia $O_1B_1 = (2 \times 8) - (2 \times 5) = 6$. Con argumentos similares, obtenemos $B_2 = (4 \times 5, 4 \times 5)$ y $O_2 = (2 \times 8, 4 \times 5)$, de donde $O_2B_2 = (4 \times 5) - (2 \times 8) = 4$.

Ahora $B_3 = (6 \times 5, 6 \times 5)$ y $O_3 = (4 \times 8, 6 \times 5)$, por lo que $O_3B_3 = - (6 \times 5) + (4 \times 8) = 2$. Finalmente, $A_4 = (8 \times 5, 8 \times 5)$ y $O_4 = (4 \times 8, 8 \times 5)$; así, $O_4B_4 = (8 \times 5) - (4 \times 8) = 8$.

Todos los números que hemos calculado son del tipo $2am + 2bn$, donde $m = 8$, $n = 5$ y a y b son enteros. Por ejemplo, $2 = (2 \times 2 \times 8) + (2 \times (-3) \times 5)$.

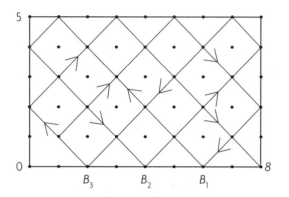

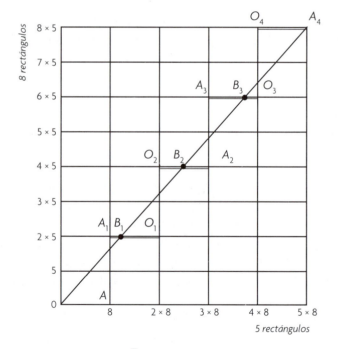

FIGURA V.12

FIGURA V.13. *Vincent van Gogh, Le café de nuit* (© *Yale University Gallery*).

En este caso, los puntos B_1, B_2, B_3, A_4 corresponden a los rebotes en el lado OA y las distancias son las de cada uno de estos puntos al origen. Ahora bien, debemos tomar la más pequeña de esas distancias, es decir:

$$mín \{O_1B_1, O_2B_2, O_3B_3, O_4A_4\} = mín \{6,4,2,8\} = 2 = 2mcd\,(8,5)$$

Este ejemplo nos enseña exactamente cómo proceder en el caso general.

Gracias a la geometría, la teoría de números y el álgebra, hemos encontrado varias aplicaciones de las trayectorias de tipo billar. Pero esto no es más que un principio; en realidad, ofrece las bases para encontrar muchas otras aplicaciones de las trayectorias de tipo billar. Este tipo de trayectorias también se presentan en problemas que involucran la acústica, la óptica y muchas otras disciplinas. Las trayectorias de tipo billar nos abren un gran panorama ya que gracias a ellas, con una herramienta matemática sólo un poquito más elaborada, se pueden caracterizar polígonos regulares, o bien estudiar la dinámica de cierto tipo de billares donde todavía hay problemas para los que no se tiene una respuesta completa. Pero todo eso deberá formar parte de otros sueños.

VI. Ruedan y chocan

Cuanto más jugaba, más atención ponía en lo que hacía. Sabía que el profesor pronto me preguntaría algo más sobre cómo ruedan y cómo chocan las bolas de billar.

Por experiencia sabía que la bola se comporta de manera diferente si se le pega arriba, en medio o abajo, pero no sabía qué pasaba con la física del asunto, hasta que le pregunté a uno de los "picudos" del billar.

—Mira, a veces en la carambola hace uno las cosas por intuición. Por cierto, tu taco se ve bien, y por aquí sólo he visto otro igual —en efecto, yo sabía que hablaba del taco de Andrés—. ¿Me lo prestas un rato para calarlo...?

Odiaba prestar mi taco, pero como me iba a explicar cómo funcionaban ciertos tiros, no me quedó más remedio que prestárselo.

—Tu taco está bien derechito, así que te voy a explicar algunas de las fantasías que puedes hacer con él. Vamos a pedir una bola de *pool* con raya en medio para que veas lo que pasa. Ya sabes algo, ¿verdad, güero?; porque si no, no tendrías un taco propio.

"Mira, si le pego a la bola en el centro, primero se desliza un poco y luego empieza a rodar. Observa que mientras más fuerte le pego a la bola, avanza más antes de empezar a rodar.

Ahora, si le doy el efecto abajo, mira la bola y dime qué pasa. Luego te explico para qué sirve cada uno de estos efectos".

—Primero gira hacia nosotros y luego empieza a deslizarse y a rodar sobre la mesa —añadí.

—Así es.

—Fíjate bien ahora. Voy a poner una bola blanca aquí, no muy lejos de la bola con la raya, y voy a golpear abajo a la blanca para hacerla chocar. Mira bien lo que pasa. ¿Te fijaste?

—Sí, se regresa.

Entonces recordé que alguna vez leí que ese truco lo había hecho el inventor de la botana en el norte de Francia y, creyendo que las bolas estaban endemoniadas, los espectadores las habían recogido.

—Ahora mira qué pasa si le pego arriba.

—La bola no se patinó, empezó a rodar casi inmediatamente.

—Bien. Ahora le voy a pegar arriba a esta bola para que choque con aquella otra.

—Esta vez la bola se detuvo una fracción de segundo cuando le pegó a la otra bola y luego siguió su camino.

—La verdad es que tu taco está chidísimo; es ligero y está muy bien equilibrado. No te cansas, está bien hecho.

—¿Cómo lo notas?

Figura vi.1

Figura vi.2

—Mira, güero, donde agarro el taco para tirar es la parte donde se equilibra solo y así no tienes que hacer nada para cargarlo. Dime de dónde lo sacaste.

—Me lo trajo el otro güero que viene seguido conmigo.

—¡Ah, sí, lo he visto, él tiene uno igual! Se ve que al mayoreo los dan más baratos. Préstamelo para jugar con *el Ojazos*, a ver si con este taco sí le gano.

Contra mi voluntad, tuve que observar cómo aquel compañero aprovechaba mi taco para barrer con su contrincante. Pero valió la pena: esos tipos de verdad que sabían jugar.

—Gracias, güero. Te compro tu taco, es de buena suerte.

—No, *mano,* me lo regalaron.

—Bueno, pero promete que me lo volverás a prestar.

—Ya vas —dije, pero para mis adentros pensé que sería mejor no volver a encontrarme a ese cuate para así no tener que prestarle mi taco.

Ahora tenía que completar esta información con la parte de los choques para hacer una presentación completa, pues ya había hablado de los golpes a la derecha, al centro y a la izquierda, que ahora se pueden combinar con los de arriba, al centro y abajo (figura VI.3), es decir, que en total existen nueve posibilidades de darle un efecto a la bola.

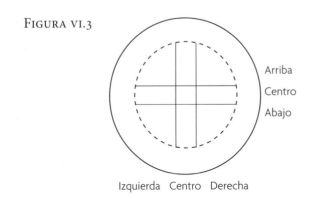

Figura VI.3

Arriba
Centro
Abajo

Izquierda Centro Derecha

Cuando empecé a buscar algo sobre los choques, lo primero que encontré fue la cantidad de bola a la que se le debe pegar (figura VI.4). Veamos a qué se refiere esto. A la bola a la que le pego con el taco la llamaré primera bola, y a la que recibe el golpe la llamaré segunda bola. Sobre todo en carambola, el jugador intenta que su bola, es decir, la primera, alcance a la segunda, no exactamente en el centro, sino un poco hacia un lado, de modo que golpee una cuarta parte de la segunda bola, o la mitad, o tres cuartas partes. A esto se le llama golpear a un cuarto, a media o a tres cuartos de bola. También existe un golpe que consiste en rozar apenas la segunda bola; a ésta se le llama fina.

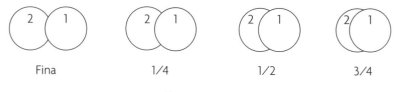

Fina   1/4   1/2   3/4

FIGURA VI.4

"La cantidad de bola" —como se dice de la forma en que la primera bola le pega a la segunda— determina en gran medida el trayecto de la primera bola.

Veamos primero qué pasa con la segunda bola. Al chocar una bola en movimiento con otra que está en reposo, la segunda describe una trayectoria muy fácil de dibujar, pues al producirse el choque entre las dos bolas podemos pensar que sus trayectorias resultan ser tangentes y la segunda bola sigue entonces el trayecto determinado por la línea de los centros de las bolas, como se muestra en la figura VI.5.

El lugar donde se le pega a la segunda bola determinará la dirección hacia donde ésta saldrá despedida. Esto es importante en el *pool,* donde el objetivo es usar la bola blanca como proyectil para dirigir el resto de las bolas hacia las buchacas, pero en

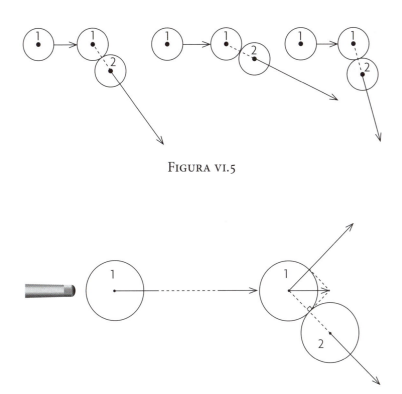

FIGURA VI.5

FIGURA VI.6

el caso de la carambola es más importante saber hacia dónde saldrá la primera bola para poder pegarle a la tercera con esa misma, ya sea usando las bandas o bien de manera directa.

Debido al choque, la primera bola, a la que golpeamos sin efecto, toma el trayecto descrito por la tangente hacia la segunda bola en el punto de choque, como se explica en la figura VI.6.

Me sentí contento, pues con este diagrama expliqué la descomposición de la trayectoria de la primera bola en dos trayectorias: la que sigue la línea de los centros (segunda bola) y la que es tangente a ésta (primera bola) usando vectores, que era algo que habíamos visto en clase. Estaba seguro de que al maestro le iba a encantar mi exposición.

Sin embargo, si a la primera bola se le pega arriba o abajo y no en el centro, la trayectoria cambia un poco, como se indica en la figura vi.7.

Creo que con esto queda clara la física del billar, aunque tal vez deba añadir un dibujo que explique otro ajuste que se hace en el billar, que es la fuerza del tiro. La potencia del golpe no cambia la tangente en el punto de choque de las bolas, pero sí alarga, más o menos, la trayectoria a lo largo de la tangente, como puede observarse en la figura iv.8.

A ver, ya hablé de efectos a la derecha y a la izquierda, del ajuste arriba y abajo, de la cantidad de bola y de la potencia del golpe. Creo que es suficiente. Aunque hay otros ajustes, son mucho más elaborados, como la inclinación del taco para efectuar lo que se conoce como *massé, piqué* y salto de bola. Pero debido a su dificultad es preferible no hablar de ellos por el momento (figura vi.9).

Espero que los compañeros no crean que con esta explicación teórica ya podrán jugar billar. Hay que aplicar todas estas nociones y hacer los tiros casi por intuición, pero no hay como la práctica.

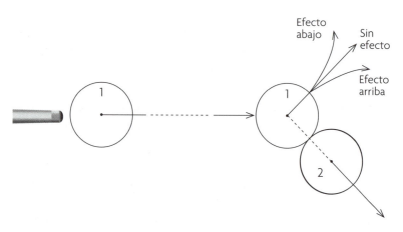

FIGURA VI.7

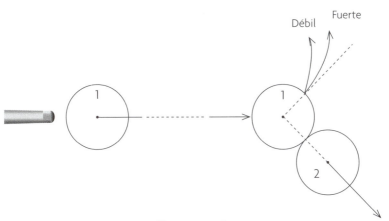

Débil Fuerte

FIGURA VI.8

FIGURA VI.9

Por si acaso el profesor me preguntara más sobre billar, decidí preparar un discurso más elaborado sobre el movimiento, para que no creyera que no le había echado ganas; pero lo dejé de reserva en mi mochila.

Así, abordé el impacto del taco en el centro de la bola. La fuerza de la colisión con el taco determina la velocidad inicial de traslación de la bola. Por otro lado, el taco genera un momento que produce una velocidad inicial de rotación alrededor del centro de la bola. En la figura VI.10 se ilustran todas las fuerzas que actúan sobre la bola de billar cuando la golpea el taco a una altura igual al radio de la bola por encima del tapete.

Cuando se hace contacto con la bola en el punto B, la fuerza F actúa horizontalmente sobre la bola. Supondremos que la fuerza de fricción R_A es despreciable.

El momento de dicha fuerza F respecto al centro de la masa es cero, por lo tanto no tiene velocidad angular inicial. De la ecuación del impulso lineal obtendríamos la velocidad V_0 del centro de masa de la bola si conociéramos la fuerza y el tiempo t:

$$\int_0^t F dt = m V_0,$$

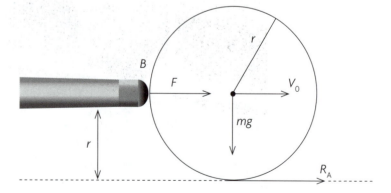

FIGURA VI.10

78

donde m es la masa de la bola. Para entender esta ecuación es necesario conocer el momento lineal, p, que se define como el producto de la masa por la velocidad, por lo que $p = mv$, y el vector fuerza que se define como la derivada del momento lineal respecto al tiempo, es decir, $F = dp/dt$, de donde se obtiene la ecuación anterior. La bola se mueve a una velocidad inicial de traslación V_0, la fuerza de fricción en el punto de contacto entre la bola y el tapete hace que ésta gire y por lo tanto disminuya la velocidad en el punto de contacto A de la bola con el tapete.

Como hay dos movimientos, uno de traslación del centro de masa y otro de rotación de la bola alrededor de un eje que pasa por el centro de masa, hay que plantear las dos ecuaciones correspondientes. Si μ_A es el coeficiente de fricción bola-tapete,

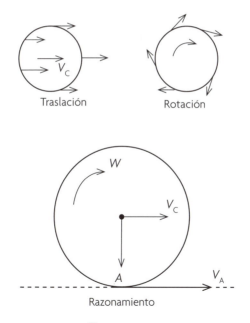

Traslación

Rotación

Razonamiento

FIGURA VI.11

se tiene que la velocidad del centro de masa V_c está dada por $V_c = V_0 - \mu_A g t$, donde g es la constante $9.81 \ m/s^2$.

La velocidad angular de rotación, W, aumenta, y se tiene

$$W = \frac{\mu_A mgr}{Ic} t,$$

donde Ic es el momento de inercia del centro de masa, que en el caso de una esfera con radio r y masa m es igual a $Ic = 2mr^2/5$.

Al cabo de un tiempo, la velocidad del punto A tiende a cero y la bola rueda sin deslizarse con velocidad constante, es decir, se traslada a la vez que gira.

$$V_A = V_c - Wr.$$

V_A resulta ser cero si $V_c = Wr$, es decir:

$$V_0 - \mu_A g t = \left(\frac{5\mu_A mgr}{2mr^2} t \right) r$$

$$2V_0 = 2\mu_A g t + 5\mu_A g t$$

de donde V_A es cero si $t = 2V_0 / 7\mu_A g$.

En ese instante la velocidad constante del centro de masa es $V_c = 5V_0/7$.

No hay que olvidar lo que se abordó al principio de esta sección, donde se mencionó que la bola patina antes de empezar a rodar.

Además, se puede hacer un análisis parecido si a la bola se le pega arriba o abajo, con lo que la fuerza F se descompone en otras dos, una componente en la dirección radial y otra en la dirección tangencial, como se muestra en la figura VI.12.

Creí que con el razonamiento anterior el profesor quedaría

satisfecho, e incluso imaginé que podría explicar cómo hacer la carambola que dibuje el primer día.

Esta carambola la había practicado mucho desde el día que la dibujé en el pizarrón y entendía lo que pasaba a ojos cerrados: hay que pegarle a media bola blanca para que la primera bola evite a la roja y tenga la fuerza suficiente para tocar las tres bandas y luego chocar con la bola roja (figura VI.13). Como dice Andrés, es una "chulada de carambola", en la cual, además de pegarle a media bola, hay que darle con el taco a la primera bola

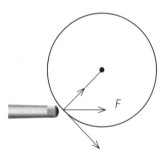

FIGURA VI.12

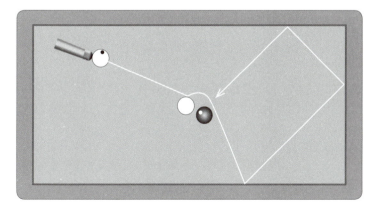

FIGURA VI.13

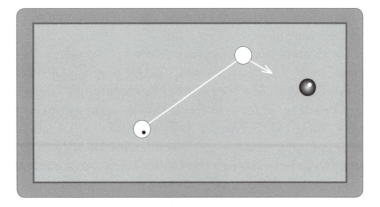

Figura vi.14

en la parte de arriba para que "corra más", y con algo de efecto del lado derecho para evitar la bola roja.

Ahora vamos a hacer una carambola sencilla. Con el taco hay que pegarle a la primera bola donde indica el punto, en la figura vi.14, y a media bola blanca. Pero más que la teoría, lo que cuenta es la práctica, pues también hay que pegarle con cierta potencia para que la bola "no se muera".

Al profesor le gustó mucho lo que expuse y prometió aumentarme la calificación; pero ¡cómo trabajé y cómo jugué para que me concediera esa pequeña ayuda!

VII. Tercer sueño
(caminos mínimos)

Empezaba a adormilarme cuando pensé en las matemáticas. Uno de sus atributos más maravillosos es que son abstractas y trabajan con ideas, una pura creación del hombre.

En general, tratan de solucionar problemas reales, que se transforman en problemas abstractos que hay que resolver usando las teorías matemáticas existentes, o bien investigando e incrementando el acervo para tener más herramientas que permitan encontrar una respuesta abstracta, con la cual se puede dar solución al problema real inicial. Sin embargo, en ocasiones se han desarrollado teorías matemáticas que no tienen como fin último resolver un problema real.

Entre sueños recordé que algún adulto me había dicho que el billar era un juego que sólo servía para divertirse, pues no tenía ninguna aplicación, como no fuera perder el tiempo.

"El billar es de vagos." Entonces me vino a la cabeza una parte del libro *Las matemáticas: perejil de todas las salsas,* que contiene un problema llamado "La granja, el río, el granero en llamas y el granjero", cuyo objetivo consiste en hallar el camino más corto para salvarse, el cual, a fin de cuentas, no es más que una trayectoria de tipo billar, como veremos más adelante.

El problema abstracto consiste en ir de un punto P_1 a una recta ℓ y luego a otro punto P_2, de manera que la trayectoria sea la más corta posible (figura VII.1). La solución de este problema tiene muchas aplicaciones en redes de suministro de agua, electricidad o servicios telefónicos.

Éste es un problema que se puede plantear de manera más general, tomando una curva en lugar de una recta.

Tenemos dos puntos P_1 y P_2 y una curva ℓ, como se indica en la figura VII.2. Queremos encontrar una trayectoria lo más

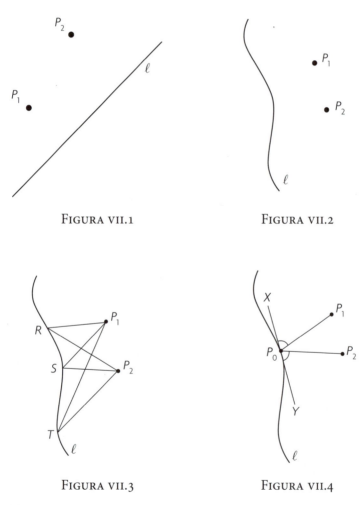

FIGURA VII.1

FIGURA VII.2

FIGURA VII.3

FIGURA VII.4

corta posible que empiece en P_1, toque un punto de la curva y llegue a P_2. En la figura VII.3 hay tres trayectorias posibles: $P_1R + RP_2$, $P_1S + SP_2$ y $P_1T + TP_2$ que tienen distinta longitud, dependiendo del punto donde tocan la curva ℓ.

Resulta que la trayectoria más corta o la más larga es la que tiene la propiedad de ser una trayectoria de tipo billar (figura VII.4). Es decir, una trayectoria que tenga la propiedad de que el ángulo P_1P_0X sea igual al ángulo YP_0P_2 donde XP_0Y es la tangente a la curva en el punto P_0 o, dicho de otro modo, un rebote tipo billar en P_0.

En mi sueño pensé que esto no era suficiente para convencerme y que necesitaba algo más, una demostración.

PROPIEDADES DE LA ELIPSE

Para llevar a cabo la demostración se requieren ciertas teorías matemáticas desarrolladas con anterioridad, las cuales recordé del curso de geometría analítica. Imaginé mesas de billar en forma de elipse, y recordé algunas propiedades, como el hecho de que si lanzamos una bola que parta de uno de los focos y rebote en la elipse, la bola pasará por el otro foco. En este caso, el rebote se caracteriza por que el ángulo de entrada es igual al ángulo de salida. Además, el círculo presenta la misma propiedad, sólo que en este caso los dos focos coinciden con el centro (figura VII.5).

Si se tratara de una parábola, una bola que sale del foco se refleja a lo largo de una recta paralela al eje de la parábola o, a la inversa, cualquier trayectoria paralela al eje de la parábola pasa por el foco. Esta peculiaridad de la parábola fue utilizada por Arquímedes para concentrar los rayos solares en los barcos enemigos que llegaban al puerto de Alejandría e incendiarlos incluso antes de que atracaran en el puerto (figura VII.6).

En el caso de una hipérbola, una bola que sale de un foco

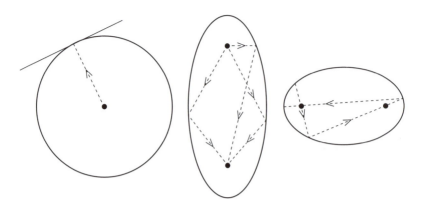

FIGURA VII.5. *Trayectorias de tipo billar en el círculo
y en la elipse.*

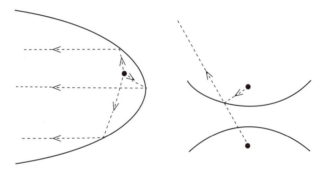

FIGURA VII.6. *Trayectorias tipo billar en la parábola
y en la hipérbola.*

rebotará a lo largo de una trayectoria cuya extensión pasa por el otro foco, como se indica en la figura VII.6. Pero el ejemplo que nos interesa es el de la elipse, así que vamos a profundizar en él.

Sea M un punto sobre la elipse de focos F, F' y eje principal $2a$ (figura VII.7). Recordemos que $FF' = 2c$ y que $2a > 2c$. Sobre

F'M marquemos un punto *P* tal que *MP* = *MF*, como se indica en la figura VII.8.

Entonces tenemos *F'P* = *F'M* + *MP* = *F'M* + *MF* = 2*a* por la definición de la elipse, es decir, el punto *P* se encuentra sobre el círculo *C* de radio 2*a* y centro *F'*.

El punto *F* es interior a ese círculo. Como *MP* = *MF*, el círculo de centro *M* que pasa por *F* es tangente al círculo *C* en el punto *P*.

Todo punto de la elipse es el centro de un círculo que pasa por un foco y resulta ser tangente al círculo de radio 2*a* que tiene como centro al otro foco. En la figura VII.9 se ilustra el

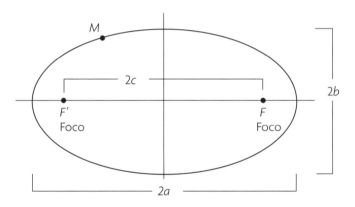

FIGURA VII.7. *Eje principal.*

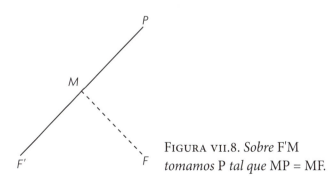

FIGURA VII.8. *Sobre* F'M *tomamos* P *tal que* MP = MF.

círculo C con centro en F' y el círculo tangente a éste en P con centro en M.

Veamos ahora la condición recíproca, es decir, sea P un punto del círculo C de centro F' y radio $2a$. Como $2a > 2c$, el punto F es interior al círculo C. Es claro que existe un círculo tangente a C y que pasa por F, cuyo centro está en la intersección de PF' y la mediatriz de PF (figura VII.10). Esas dos rectas se intersecan, ya que el círculo de diámetro FF' es interior a C, por

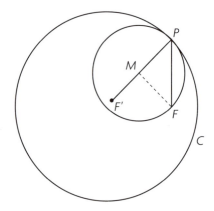

FIGURA VII.9. C *es el círculo con centro en* F'
y el círculo tangente a éste en P *con centro en* M.

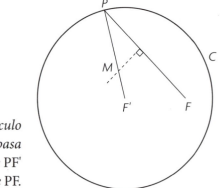

FIGURA VII.10. *El círculo
tangente a* C *que pasa
por* F *está sobre* PF'
y la mediatriz de PF.

lo que $\sphericalangle F'PF$ nunca podrá ser de 90°; siempre será agudo o igual a cero. Sea M el centro del círculo que pasa por F y es tangente a C en P. El círculo C y el de centro M recién construido son tangentes interiormente, ya que F es interior a C.

Los puntos F', M y P están alineados y M está entre P y F', ya que el radio del círculo tangente con centro M es menor que el radio del círculo C. Se tiene que $F'M + MP = 2a$, y como $MP = MF$, entonces $F'M + MF = 2a$.

En conclusión, si C es un círculo con centro en F' y radio $2a$, y si F es un punto interior de C, entonces los centros de los círculos tangentes a C que pasan por F describen la elipse de focos F y F' y eje mayor igual a $2a$.

Así obtenemos una propiedad característica de los puntos de la elipse: una condición necesaria y suficiente para que un punto M pertenezca a la elipse con focos F y F' y eje mayor $2a$ es que M sea el centro de un círculo que pase por F y sea tangente al círculo C de centro F' y radio $2a$. El círculo C se llama *círculo director*. Esta caracterización nos permite hacer una construcción de la elipse punto por punto, además de que es muy sencillo construir la tangente en un punto dado.

Construcción de la elipse por puntos

Sabemos que una elipse se define como el conjunto de puntos M tales que la suma de las distancias de ese punto a dos puntos fijos F y F' (focos) es una constante, a la cual denotaremos por $2a$.

Sea a un número real positivo tal que $2a$ sea mayor que la distancia $2c$ entre los dos puntos fijos F y F'. Tomemos r, otro número real, de modo que r sea menor que $2a$; sea $r' = 2a - r$.

Consideremos ahora dos puntos A y A' en la recta que determinan F y F' tales que $AF = F'A'$ y $AA' = 2a$. Se puede ver que $FA = a - c$ y que $FA' = a + c$.

Tracemos dos círculos con centros F y F' y con radios respectivos r y r'. Con esta construcción se obtienen dos puntos, M y M', que son la intersección de los círculos mencionados y resultan ser simétricos respecto a FF' (figura VII.11).

Observemos que, además de que $r < 2a$, si nos fijamos en el triángulo FMF', por la desigualdad del triángulo $r < r' + FF'$, pero también $r' < r + FF'$, por lo tanto, $|r - r'| \leq FF'' < r + r'$ y $FF' = 2c$, y como $r' = 2a - r$, entonces $|2r - 2a| = |r - r'| \leq FF' = 2c < 2a$, es decir que $|2r - 2a| \leq 2c$, de donde $a - c \leq r \leq a + c$, o bien $FA \leq r \leq FA'$.

En suma,

- Si $r = FA$, entonces los dos puntos M y M' coinciden con A.
- Si $r = FA'$, entonces los dos puntos coinciden con A'.

El radio FM resulta máximo o mínimo cuando M es uno de los vértices del eje focal, es decir, que coincide con A' o con A. Como $MF = r$ y $MF' = r'$, entonces $MF + MF' = r + r' = 2a$. Obsérvese que M' satisface la misma igualdad; hemos probado entonces que los puntos M y M' están en la elipse con focos F y F' y eje mayor $2a$.

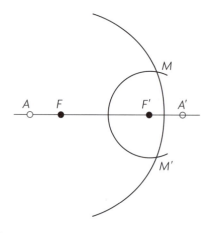

FIGURA VII.11. M y M'
*son la intersección
de los círculos.*

Si se da un punto P sobre el círculo director C de centro F' y se toma la intersección entre $F'P$ y la mediatriz de PF, se obtiene un punto M que se encuentra sobre la elipse.

Ahora probaremos que la tangente a la elipse en un punto M es precisamente la mediatriz de PF (figura VII.12).

Recordemos que para construir la tangente a una curva en un punto M es necesario considerar otro punto M' sobre la curva y tomar el límite de las secantes MM' cuando M' tiende a M. Así, tomemos otro punto M' sobre la elipse determinada por los focos F y F' y el círculo director C de radio $2a$ y centro en F'.

Los puntos M y M' son los centros de los círculos $\mathfrak{M}$ y $\mathfrak{M}'$ que pasan por F y son tangentes a C en P y P' (figura VII.13), respectivamente. Sea A el otro punto de intersección de M y M'. La recta MM' es perpendicular a AF porque los triángulos MFA y $M'FA$ son isósceles, de aquí que las medianas de los vértices M y M' al lado AF son también las mediatrices; por lo tanto, las rec-

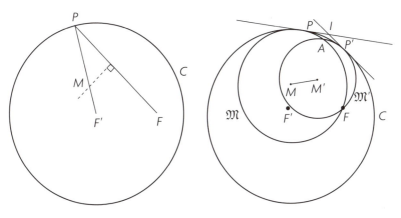

FIGURA VII.12.
M *está sobre la elipse.*

FIGURA VII.13

tas determinadas por M y M' y por A y F son perpendiculares. Las tangentes a C en P y P' se intersecan en el punto I.

Observemos primero que si A, B, A', B' son cuatro puntos sobre una circunferencia y si I es el punto de intersección de las rectas AB y $A'B'$, entonces los triángulos $IA'B$ e IAB' son semejantes (figura VII.15) (debe señalarse que el ángulo en I es común y que los triángulos IBA' e $IB'A$ son iguales porque intersecan el mismo arco AA'). Por lo tanto, $IA'/IA = IB/IB'$, de donde tenemos que $IA \cdot IB = IA \cdot IB'$.

Ahora, si IT es la tangente a la circunferencia en el punto $T\,(T = A' = B')$, entonces tenemos $IT^2 = IA \cdot IB$, pero $(IT)^2 = (OI)^2 - r^2$, donde O es el centro y r el radio $r = OT$; por lo tanto, $IA \cdot IB$ es constante (figura VII.16).

Tenemos entonces que si IT e IT'' son tangentes a dos circunferencias y A y B son los puntos de intersección de éstas, entonces tanto $(IT)^2 = IA \cdot IB$ como $(IT'')^2 = IA \cdot IB$, de donde se desprende que $(IT)^2 = (IT'')^2$ y por lo tanto $IT = IT''$ (figura VII.15).

Volvamos a la situación en la que estábamos y probemos ahora que AF pasa por I. Recordemos que I es el punto de intersección de las tangentes a M y M' en P y P'.

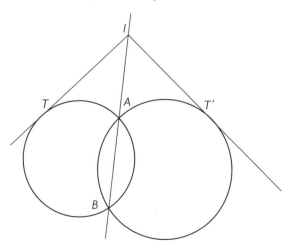

FIGURA VII.14.
IT = IT'.

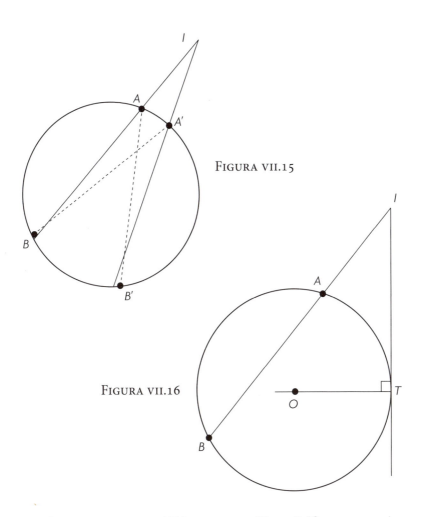

Figura vii.15

Figura vii.16

Supongamos que AF interseca a IP en J (figura vii.17) y sean $B \in \mathfrak{M}'$, $C \in \mathfrak{M}$ los puntos de intersección de IA con los círculos M y M'.

Como $IP = IP'$ por ser tangentes al círculo director, entonces $(IP)^2 = IA \cdot IB$, $(IP')^2 = IA \cdot IC$ y esto implica que $IB = IC$, es decir, $C \in \mathfrak{M}'$ y $B \in \mathfrak{M}$, lo que significa que $C = B = F$ y por lo tanto $I = J$; esto es, A, F e I son coloniales.

Continuamos con la demostración: sea $a = \sphericalangle PF'P'$. Si M'

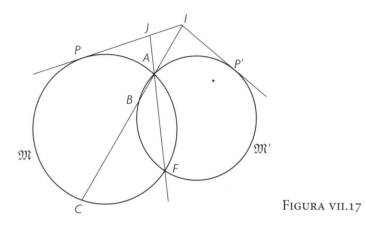

FIGURA VII.17

tiende a M, la distancia MM' tiende a 0. En el triángulo $MF'M'$ se tiene, al usar la ley de los senos, la igualdad

$$\frac{MM'}{sen\ \alpha} = \frac{F'M}{sen\left(\sphericalangle F'M'M\right)'};$$

entonces,

$$0 \le sen\ \alpha\,\frac{MM'sen\left(F'M'M\right)}{F'M} \le \frac{MM'}{F'M},$$

ya que el seno de un ángulo siempre es menor o igual a uno.

Como observamos anteriormente, si M' tiende a M, tenemos que MM' tiende a cero, de modo que *sen* α tiende a 0. En el triángulo $IF'P$, que es rectángulo en P, se tiene $\sphericalangle IF'P = \alpha/2$, pues los triángulos $IF'P'$ y IFP son congruentes, de donde

$$IP = F'P\ \tan\frac{\alpha}{2} = 2a\ \tan\frac{\alpha}{2}$$

Una vez más, como MM' tiende a 0, IP tiende a 0; es decir, el punto I tiende a P y por lo tanto la recta FI tiende a FP, y como la secante MM' es perpendicular a AF (la cual, como ya vimos,

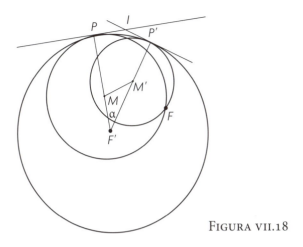

FIGURA VII.18

pasa por I), también resulta ser perpendicular al límite; es decir, la posición límite de la secante MM' es perpendicular a PF. En otras palabras, la recta tangente a la elipse en M es perpendicular a PF. Como el triángulo MFP es isósceles, la mediatriz que sale de M también es su mediana; por lo tanto, la tangente es la mediatriz de PF.

PROPIEDADES DE TIPO BILLAR
DE LA TANGENTE DE LA ELIPSE

Sea $T'M$ la tangente a la elipse en el punto M, como en la figura VII.19, por ser MT la mediatriz de PF; entonces, $\sphericalangle PMT = \sphericalangle TMF$ y además, como $\sphericalangle T'MF' = \sphericalangle PMT$, se tiene que $\sphericalangle T'MF' = \sphericalangle FMT$; es decir que el ángulo de entrada es igual al de salida.

En resumen, una elipse tiene en cada uno de sus puntos la propiedad del rebote tipo billar para trayectorias que salen de un foco. Además la elipse (figura VII.19) posee la propiedad de que si la bola sale disparada de uno de sus focos, después del primer rebote pasará por el otro foco. Es interesante preguntarse por el recíproco: si una curva simple cerrada y convexa con dos puntos fijos en su interior tiene la propiedad de que

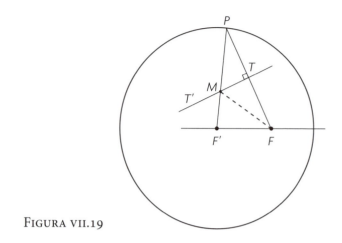

Figura vii.19

si una bola sale disparada de uno de esos puntos, después del primer rebote pasa por el otro punto, entonces, ¿será dicha curva una elipse?

La respuesta es sí. En efecto, esta propiedad caracteriza a la elipse, y para demostrarlo se puede ver el artículo de Bosch e Itza, "Un problema de dobleces", y el artículo de Garibay y Vera, "Una caracterización de la elipse".

Problemas de Minimax

Regresemos al problema inicial con las herramientas que hemos desarrollado hasta ahora. Queremos encontrar la trayectoria mínima o máxima de P_1 a la curva ℓ y de ahí a P_2. Es decir, queremos encontrar un punto P_0 sobre ℓ de modo que $P_1P_0 + P_0P_2$ sea mínima o máxima (figuras vii.20 y vii.21).

Hemos asegurado que ese punto P_0, donde la trayectoria alcanza su mínimo o máximo local, es un punto donde el ángulo de entrada con la tangente es igual al ángulo de salida con la tangente, es decir, es un punto donde la trayectoria es de tipo billar.

Una justificación de este hecho se puede obtener mediante la geometría analítica. Recordemos que si P_1 y P_2 son los focos

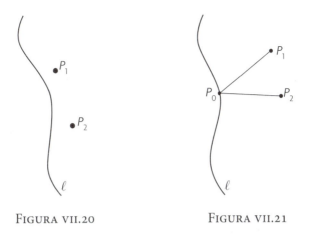

FIGURA VII.20   FIGURA VII.21

de una elipse, una bola que sale de P_1 rebota de modo que pasa por P_0 y luego por P_2 de manera que $P_1P_0 + P_0P_2$ sea mínima.

Ahora vamos a usar una forma de razonamiento usual en matemáticas. Supongamos que nuestra conclusión es falsa, es decir que el rebote en el punto P_0 no es de billar y por lo tanto la trayectoria no es mínima ni máxima. Pues bien, supongamos también que el rebote en P_0 no es un rebote de tipo billar pero que $P_1P_0 + P_0P_2$ es mínimo, así que cerca del punto P_0 la recta tangente a ℓ en P_0 corta a toda la familia de elipses con focos P_1 y P_2. Además, la curva ℓ también cortará a las elipses, y cada punto P en la curva ℓ pertenecerá a una elipse de la familia por estar cerca de P_0 (figura VII.22). La longitud $P_1P = PP_2$ es una constante, dependiendo de la elipse en la que se encuentre P, y se puede hacer más grande o más pequeña según estemos en una elipse más "alejada" o más "cercana" a los focos (figura VII.23), y por lo tanto no habrá un máximo o un mínimo en la longitud de la trayectoria $P_1P_0 + P_0P_2$. Entonces concluimos que la suposición inicial es incorrecta y por lo tanto podemos afirmar que si la trayectoria es mínima o máxima, ésta deberá ser de tipo billar.

Cuando los bordes son rectilíneos, la trayectoria de tipo billar que se obtiene siempre corresponde a un mínimo.

Con esta herramienta, analicemos desde otro punto de vista un problema que aparece en *Las matemáticas: perejil de todas las salsas:* dos pueblos han comprado una bomba de agua y quieren ponerla a orillas del río para surtir a ambos pueblos, pero quieren saber dónde colocarla para usar el mínimo de tubería posible. Suponiendo que el río es una línea recta, ¿en qué punto hay que colocar la bomba para que la cantidad de tubería sea la menor posible, tomando en cuenta la distancia de la bomba respecto a los dos pueblos?

Para responder a esta pregunta tenemos que si P_1 es un pueblo, P_2 el otro y ℓ es el río (figura VII.24), entonces el mínimo se alcanzará cuando $P_1P_0 + P_0P_2$ sea una trayectoria tipo billar con P_0 en ℓ; es decir, que si tomamos P_2' como reflejo de P_2 respecto a ℓ y trazamos P_1P_2', la intersección con ℓ nos dará el punto P_0 que buscamos, ya que la recta ℓ biseca al ángulo $P_2'P_0P_2$ de modo que los ángulos de entrada y de salida son iguales.

Veamos otro problema del mismo estilo. Pensemos que dos puntos P_1 y P_2 están dentro del ángulo *APB* (figura VII.25). Con la condición técnica de que *APB* sea menor de 60°, ¿cuál es el camino más corto P_1QRP_2 donde *Q* está en *PB* y *R* está en *PA*?

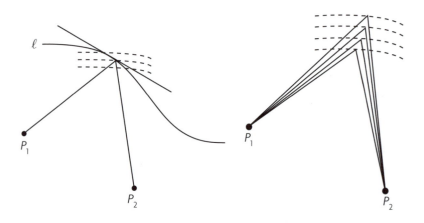

FIGURA VII.22   FIGURA VII.23

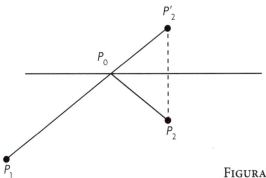

FIGURA VII.24

FIGURA VII.25

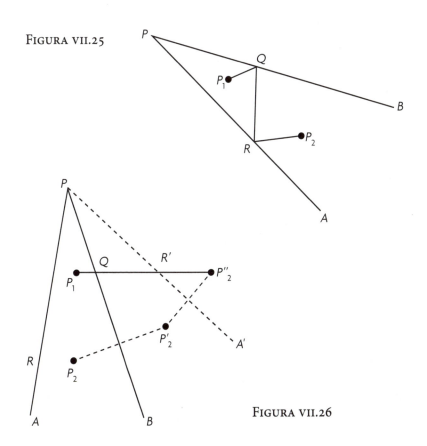

FIGURA VII.26

Nuevamente tenemos que la trayectoria P_1QRP_2 debe ser una trayectoria tipo billar con rebotes en R y en Q. La forma de lograrlo es tomando el simétrico de P_2 respecto de PB y el simétrico de PA respecto de PB, con lo que obtenemos P'_2 y PA' y luego el simétrico de P'_2 respecto de PA', que nos da P''_2. Si unimos P_1 a P''_2, esta recta interseca a PB en Q y a PA' en R' (figura VII.26). Hagamos las simetrías inversas; de esta manera R' se convierte en un punto R sobre PA. Las simetrías nos garantizan que P_1QRP_2 sea una trayectoria tipo billar con rebotes en Q y R.

En este punto, hagamos una nueva pregunta: si P_1 y P_2 están dentro de un ángulo de 60°, APB, ¿cuál es la trayectoria mínima $P_1Q_1R_1Q_2R_2P_2$, de modo que las Q_i están en AP y las R_i están en BP? Seguramente algo similar, pero… No hay que ir muy rápido, pues en este caso no hay una trayectoria mínima. Supongamos que existe una trayectoria como la que se muestra en la figura VII.27. Cada rebote debe ser tipo billar. Por ejemplo, si $P_1Q_1R_1$ no fuese un rebote tipo billar en Q_1, con P_1 y R_1 fijos, Q_1 se podría mover hasta tener uno, lo que reduciría la longitud de $P_1Q_1R_1$.

Como cada rebote es de tipo billar, al hacer cuatro simetrías (o desdoblar APB cuatro veces) como se indica en la figura VII.27, la trayectoria $P_1Q_1R_1Q_2R_2P_2$ se "desdobla", lo cual produce una trayectoria mínima que va de P_1 a P_6, donde P_3, P_4, P_5 y P_6 son las imágenes sucesivas de P_2 cada vez que se "desdobla" la figura. Pero esto es imposible, pues P_1P_6 no interseca a las semirrectas que nos darán los puntos R_1 y Q_1. En conclusión no hay una trayectoria mínima.

Con la herramienta que hemos desarrollado se pueden resolver infinidad de problemas, como el clásico: ¿existirá un triángulo de perímetro mínimo cuyos vértices estén en los tres lados de un triángulo acutángulo?

La respuesta es sí; para encontrar dicho triángulo hay que empezar en un punto P cualquiera sobre uno de los lados del triángulo y, usando la técnica de los rebotes de tipo billar, desdoblar el

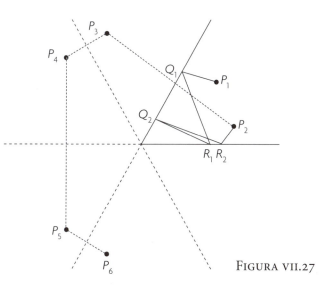

FIGURA VII.27

problema (siempre que el triángulo sea acutángulo) y obtener un triángulo de perímetro mínimo, uno de cuyos vértices se ubica en el punto y los dos restantes en los otros dos lados del triángulo.

Posteriormente hay que buscar el perímetro mínimo cuando P varía sobre un lado y se puede probar, con más o menos trabajo, que éste se obtiene cuando P es el pie de la altura correspondiente, obteniéndose así como respuesta el triángulo pedal (el formado por los pies de las alturas). Este problema se atribuye a Laurent Schwartz y a George Pólya.

VIII. Los materiales

LAS BANDAS

Mi taco desarmable era una prueba clara de cómo habían evolucionado los materiales para jugar billar. Lo mismo pasó con las mesas de billar en las que tal vez lo más importante fue la sustitución de materiales como resortes, paja y crin de caballo, por el hule vulcanizado.

En América, los mayas conocían el hule natural, según lo atestiguaron los expedicionarios al regresar del Nuevo Mundo. Con este material formaban "pelotas que botaban de manera extraña". Al preguntar los españoles por la naturaleza del hule, los indígenas respondieron que se trataba de las lágrimas del árbol de caucho, el jugo blanco de los árboles que lloraban. Ese material debió conocerse en América al menos desde el siglo XII, según revelan las representaciones de juegos de pelota y las pelotas mismas halladas en algunas excavaciones. De hecho, hace pocos años los arqueólogos encontraron el testimonio más antiguo de la utilización del hule, en un lugar llamado El Manatí, al sur de Veracruz, donde descubrieron una ofrenda olmeca a las divinidades del agua que contiene varias bolas de hule.

Los olmecas (palabra que en náhuatl significa "el pueblo del hule"), quienes habitaron la región de la costa del Golfo de México donde abunda el árbol del hule, observaron que al calentar la savia se obtenía una sustancia de aspecto extraño que recuperaba su forma después de someterla a un esfuerzo. La interpretación dada a este hecho queda clara cuando se analiza en náhuatl la palabra *ulli*, que deriva de *ollin*, movimiento, idea muy vinculada con las pelotas. Como dato interesante, la palabra *chapulín*, que es como llaman en México a los insectos que en otros países se conocen como *saltamontes* o *grillos*, tiene la misma etimología que *ulli*, debido al carácter saltarín del insecto.

También hay evidencias de que el hule se usó para pegar objetos de cuero o de madera. Pero, debido a las condiciones climáticas de México, este tipo de utensilios no se ha conservado, hasta nuestros días.

En Europa, el caucho se utilizó al principio como simple objeto de ornato y se comercializó en forma de cubitos.

En 1770 el mecánico inglés Edward Nairne tuvo una idea para ganar dinero con esos cubitos de material pegajoso, pues de casualidad se dio cuenta de que con el caucho era posible borrar las rayas trazadas con un lápiz común y corriente. El señor Nairne creía que el caucho procedía de la India, y lo vendía en pequeños cubitos con el nombre de *Indian Rubber* (goma de borrar de la India). Sin embargo, no fue sino hasta el siglo XIX cuando al hule se le dio un uso industrial. Primero en Viena, Johann Nepomuk Reithoffer usó el caucho en láminas que planchó sobre un soporte textil y vendió los artículos resultantes como tirantes para medias y pantalones. En 1823, en Escocia, Charles Macintosh patentó sus famosos impermeables, que producía recubriendo tela con una fina capa de caucho laminado. El problema era que en verano el material se volvía pegajoso y maloliente, y en invierno se endurecía como tabla y se cuarteaba.

Charles Goodyear, un inventor estadunidense, se interesó en quitarle al caucho esos defectos. En 1839 logró obtener un producto a partir del hule natural que no era pegajoso ni tan duro. Goodyear presentó la primera patente para tratar el hule natural con azufre el 24 de junio de 1844 (U. S. Patent 3633). Después de varios años de infructuosa investigación sobre un método para endurecer el caucho, la esposa de Charles Goodyear, harta de los malos olores que dejaban los experimentos de su marido en la cocina, le prohibió seguir tratando de amalgamar el caucho con el azufre, que huele a huevo podrido. Sin embargo, Goodyear continuó haciéndolo a escondidas. Un día, la llegada inesperada de su mujer lo sorprendió y trató de deshacerse de lo que tenía en las manos echándolo al fuego. Cuando examinó lo que había pasado con su experimento al calentarlo se dio cuenta, con sorpresa, de que el caucho se había vuelto insensible a los cambios de temperatura.

Charles Goodyear había descubierto que es posible reticular el caucho, proceso al que denominó vulcanización. Sin darse cuenta logró que las largas cadenas moleculares que constituyen el hule se entrecruzaran, creando un puente químico entre ellas. El azufre fue el que permitió la creación de tales enlaces. Goodyear realizó cientos de experimentos y pruebas, dilapidó su fortuna e incluso llegó a empeñar los libros de texto de sus hijos para disponer de los fondos que le permitieran continuar sus investigaciones.

En 1852 Goodyear viajó a Europa, donde conoció a Thomas Hancock, un ingeniero de la compañía Charles Macintosh & Co. Hancock admitió que había visto por primera vez el hule vulcanizado en Estados Unidos. No obstante, patentó el proceso de su fabricación en Gran Bretaña, pues, según él, lo había reinventado.

Es curioso que la primera patente del invento de Goodyear en Europa sea francesa y que ese mismo año una fábrica de ese país haya comenzado a elaborar zapatos con el permiso de Charles Goodyear, quien, paradójicamente, murió el 1º de julio de 1860, sin un centavo y con muchas deudas.

Más tarde, en 1887, un veterinario inglés, John Boy Dunlop, que recorría la región en un coche con ruedas de madera, de metal y a veces de hule sólido, jalado por caballos, ideó un diseño con un tubo de hule inflado para sustituir los materiales rígidos de las ruedas.

En 1888 patentó su invento y estableció la compañía que a la postre se llamó Dunlop Rubber Company. Es muy posible que este invento le haya dado el mayor impulso al consumo del hule.

La aparición de nuevos productos obtenidos del hule natural originó un fuerte incremento en su consumo durante el siglo xix. En particular, en 1856 Brasil exportaba 7000 toneladas de hule natural; 10 años después producía 50000 toneladas. Los precios subían y los explotadores de la selva tropical brasileña se enriquecían. El país sudamericano tenía el monopolio de la exportación de semillas del "árbol que llora", como se le llama al árbol del hule. Quien pretendiera llevarse semillas del árbol era castigado con la pena de muerte. Una noche de 1876, el joven inglés Henry Wickham, aprovechando la oscuridad, logró embarcar 70000 semillas y llevárselas a Europa. Así se acabó el monopolio brasileño. Unos 13 años después el hule se cultivaba extensivamente en el antiguo Ceilán, hoy Sri Lanka y entonces colonia inglesa, y su precio se redujo sensiblemente.

Hacia 1910, con la invención del automóvil, la producción aumentó a 94000 toneladas al año. En 1927 los químicos alemanes desarrollaron el hule sintético. En 1942, cuando los Estados Unidos se involucraron en la segunda Guerra Mundial, quedaron aislados de sus proveedores tradicionales de hule natural, lo cual los obligó a producir grandes cantidades de material sintético. Para 1945 su producción de hule sintético ascendió a 700000 toneladas. Sin embargo, como el hule sintético proviene del petróleo y los precios de éste aumentan continuamente, se siguió utilizando el hule natural. En 1985 la producción mundial de hule fue de 13.7 millones de toneladas, de las cuales aproximadamente la tercera parte era hule natural.

A partir del siglo xx todas las mesas de billar emplearon

hule pegado a la madera para las bandas, de manera que las bolas rebotaran mejor.

Conozcamos más de cerca el proceso de vulcanización (figura VIII.1).

El azufre es un material raro que en circunstancias normales forma cadenas de sus propios átomos. La vulcanización se funda en este fenómeno.

A lo largo de la molécula del caucho existen algunos espacios que parecen atraer a los átomos de azufre; a éstos se les llama sitios de cura. En cada sitio de cura, un átomo de azufre se pue-

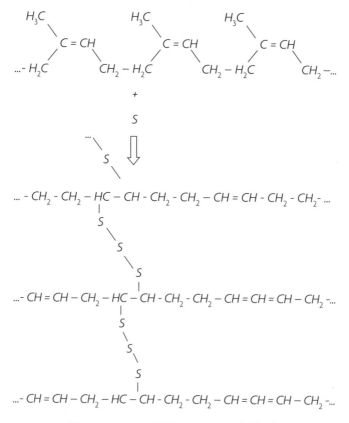

FIGURA VIII.1. *Vulcanización del hule*

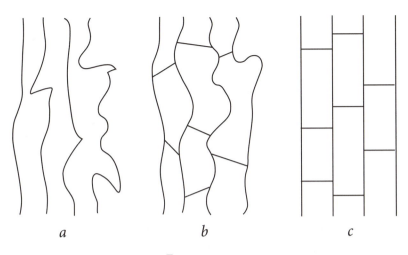

a   b   c

FIGURA VIII.2

de unir a otro átomo de azufre, y a partir de allí la cadena de átomos de azufre puede crecer hasta alcanzar otro sitio de cura en otra molécula de caucho. Estos puentes de azufre tienen por lo general una longitud de 2 a 10 átomos.

Las moléculas del hule suelen estar dobladas y enredadas. Los dibujos *a* y *b* de la figura VIII.2 representan estas largas cadenas antes y después de la vulcanización; por su parte *c* muestra las moléculas alineadas cuando se estiran. Sin la vulcanización, estas moléculas se deslizarían entre sí.

LAS BOLAS

Durante muchos años, las bolas de billar se fabricaron con marfil. Antes de 1960 las bolas de marfil eran utilizadas en los campeonatos de billar de tres bandas. A partir de esa fecha se oficializó el uso de bolas fabricadas con resina fenólica, comúnmente llamada marfilina, baquelita o pasta. Sin embargo, en los campeonatos de carambola de fantasía continuó utilizándose el marfil durante otros 30 años. En 1990 seguía empleándose el marfil porque permite realizar muchas jugadas, dado el mayor coeficiente de fricción entre la bola fabricada con este material y el paño. A partir de entonces, la Comisión Internacional de Billar Artístico hizo obligatorio el uso de las bolas de resina fenólica. Es importante mencionar que las bolas de marfil perdían fácilmente su redondez y, a medida que se torneaban, la esfera disminuía su diámetro; con el tiempo, éste se reducía hasta alcanzar el tamaño de una bola de *pool* (57 mm); ésas son las bolas que muchos jugadores de fantasía usan en sus exhibiciones. La resina fenólica es un excelente sustituto del marfil. ¿Cómo se descubrió este material?

Durante la Guerra de Secesión en Estados Unidos, que estalló en 1861, el bloqueo impuesto a los separatistas hizo imposible la importación del marfil con que se hacían las bolas de billar. Entonces surgió el primer plástico de importancia comercial gracias a un concurso realizado para sustituir el marfil. Lo organizaron dos industriales apasionados del billar. A mediados del siglo xix se utilizaba tanto marfil que eran sacrificados 12 000 elefantes anualmente sólo para cubrir la demanda.

Los hermanos Hyatt buscaron una solución a este problema y descubrieron el celuloide que, aunque no sustituyó al marfil, los volvió ricos, pues la industria cinematrográfica aprovechó su invento para producir sus películas. Fue necesario esperar casi un siglo para hallar un material capaz de resistir golpes sucesivos sin deformarse. Entonces aparecieron materiales como la resina fenólica (o baquelita) y varios tipos de plásticos que forman parte de la familia de los polímeros (del griego πολυμερής, que significa "compuesto de muchas partes"). De los polímeros se derivan otros productos, como adhesivos, recubrimientos y pinturas.

En 1899 Leo Baekeland descubrió una resina totalmente sintética, la baquelita, la cual se obtiene mediante la reacción del fenol con el formaldehído. El material resultante era ideal para fabricar las bolas de billar.

El siglo xx puede considerarse la "era del plástico", pues la obtención y la comercialización de los plásticos sintéticos creció significativamente y el número de patentes registradas se incrementó de manera notable. La fabricación de plásticos sintéticos se auxilió de la química orgánica, que entonces se encontraba en pleno auge. Muchos laboratorios y grandes industrias químicas desarrollaron nuevos tipos de plásticos con su dominio de las técnicas para manipular a voluntad las reacciones químicas.

Entre 1930 y 1950, en el apogeo de la segunda Guerra Mundial, surgieron el nylon, el polietileno de baja densidad y el teflón, que tienen mejores propiedades, mayor resistencia, son más baratos y pudieron satisfacer la demanda de otros materiales que escaseaban.

En 1953, Hermann Staudinger, "el padre de los plásticos", recibió el Premio Nobel de Química. Más tarde, en 1964, ese mismo premio fue concedido a Karl Ziegler y a Giulio Natta, quienes descubrieron que el etileno en fase gasesosa reacciona muy lentamente y sugirieron el uso de catalizadores a presión normal y baja temperatura para obtener los mismos resultados.

El éxito de la producción de plástico es tal que en 1990 alcanzó los 100 millones de toneladas en el mundo y, 10 años más tarde, llegó a 160 millones de toneladas.

Las mesas

Las mesas tienen un armazón de madera que soporta una placa aislante con una película que calienta una placa de pizarra; ésta es la superficie que hace plana la mesa. Finalmente, es cubierta con un paño de lana, por lo general de color verde.

El sistema de calentamiento integrado a una mesa de billar sirve para eliminar la humedad del tapiz y permitir que las bolas corran mejor. La electricidad hizo posible incorporar una película debajo de la placa de pizarra para poder calentarla.

La superficie de una mesa de billar al principio era de madera, luego fue sustituida por mármol y después por la pizarra.

La pizarra es una roca sedimentaria constituida principalmente por cuarzo y moscovita. Las canteras de pizarra se formaron hace millones de años al comienzo de la era primaria, gracias a la compactación de lodo y aluviones. Las canteras más importantes de pizarra se encuentran en Gales, Francia, Alemania y Estados Unidos. En general, se extrae en explotación a cielo abierto y sólo en algunas minas subterráneas se sacan grandes lajas que a veces pesan varias toneladas (figura VIII.3).

Al tener la laja en sus manos, el obrero analiza el bloque de piedra y determina sus tres planos: el plano de brillo, el plano de corte que sirve para obtener lajas delgadas y el plano transversal que es perpendicular a los otros dos. Mediante esos planos se obtienen placas de 5 a 10 cm, que luego se cortan a las medidas deseadas, ya sea manualmente o con métodos industriales. La pizarra tiene gran resistencia, durabilidad, versatibilidad e impermeabilidad.

FIGURA VIII.3. *Lajas de pizarra.*

Durante la Edad Media la pizarra se empezó a utilizar para cubrir calles. Cada vez se usó más en la construcción, en particular en los techos de zonas lluviosas, debido a sus propiedades de impermeabilidad.

Actualmente, en toda mesa de billar de buena calidad, debajo del paño se encuentra una placa de pizarra perfectamente plana y uniforme de 19 mm de grosor. Es un material insustituible en una mesa de billar.

En el siglo XVI, todos los paños que se usaban para recubrir las mesas de billar provenían del pequeño pueblo de Elbeuf sur Seine, un lugar en el norte de Francia donde al agua de un riachuelo se le atribuyen propiedades especiales para el lavado de la lana. En ese lugar se asentaron los teñidores y, en 1667, nació la Manufactura Real de Tapices, por iniciativa de Colbert. Los tapices de esa localidad fueron tan famosos que la actividad textil continuó creciendo. Actualmente allí se siguen producien-

FIGURA VIII.4. *Escudo de Verviers.*

111

do los tapetes verdes de las mesas de billar. Sin embargo, también en la ciudad de Verviers, al sureste de Lieja, en Bélgica, se fabrican algunos de los mejores paños de lana para mesas de billar.

Además de lo anterior, para construir una buena mesa de billar se requieren maderas de calidad (álamo y caoba) para confeccionar los soportes horizontales y verticales, así como las patas.

IX. Cuarto sueño
(otros billares)

En algún momento llegué a soñar con billares de formas rectangulares diversas, elípticas o de formas más caprichosas.

Las mesas de billar deben permitir que la bola rebote conforme a las leyes de reflexión; es decir, que en el punto donde toque la banda, el ángulo de entrada (incidencia) sea igual al ángulo de salida (reflexión) respecto de la tangente a la curva que delimita la mesa. Si la bola llega a algún punto donde no hay tangente, entonces se "muere", es decir, su trayectoria termina en ese punto. Con un poco de imaginación podemos crear mesas de billar de forma arbitraria (figura IX.1).

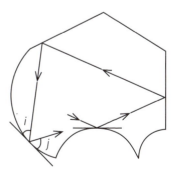 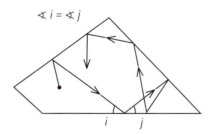

FIGURA IX.1

Una mesa de billar podría ser un círculo, un triángulo o un cuadrilátero, entre otras figuras posibles.

Dado un punto P, supondremos que es posible trazar la trayectoria que recorre la bola: $PP_1P_2P_3$... Si la bola no cae en un punto anguloso, se desplazará tanto tiempo como queramos. Puede darse el caso de que la trayectoria regrese a PP_1, en cuyo caso la bola repetirá el recorrido que ya se describió, por lo que se afirma que esta trayectoria es periódica. En términos geométricos, dichas trayectorias describen curvas cerradas, inscritas en la región determinada por la mesa de billar y que satisfacen la igualdad de los ángulos de incidencia y reflexión.

El billar con el que trabajaremos ahora será de forma circular. Hay varias preguntas que podemos formular a este respecto: ¿existen trayectorias periódicas?, ¿cuántas hay?, ¿cómo son?, ¿cómo reconocerlas?, ¿por dónde se desplaza la bola cuando recorre una trayectoria no periódica?

Consideremos una mesa de billar en forma de disco (figura IX.2); es decir, con frontera o "bandas" en forma de círculo, C. Las trayectorias van a estar perfectamente determinadas por la sucesión de puntos $P_0P_1P_2P_3P_4P_5$...

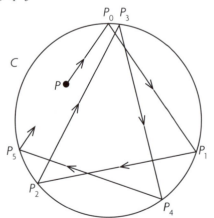

Figura IX.2

En cada uno de los puntos P_i tenemos la igualdad de los ángulos de incidencia y de reflexión. De esta propiedad se sigue que los segmentos $P_{k-1}P_k$ son iguales, pues los ángulos $P_{k-1}P_kM$ y $P_{k-1}P_kN$ son iguales, de manera que $P_{k-1}OP_k$ y P_kOP_{k+1} también lo son, pues intersecan el mismo arco (figura IX.3).

Por lo tanto, $P_{k-1}P_k$ es igual a P_kP_{k+1}. Cada vértice P_i se obtiene del anterior por una rotación de ángulo α y centro O, el centro del círculo. De manera que P_n se obtiene de P_0 por medio de una rotación de ángulo $n\alpha$, de modo que la naturaleza de la trayectoria está totalmente determinada por el valor del ángulo α. Recordemos que es normal medir los ángulos en radianes, así que un ángulo de 360° corresponde a 2π radianes; es decir, a un giro completo. Por comodidad, α estará medido en radianes en todo lo que sigue.

Si α es conmensurable con 2π, es decir, si la razón $\alpha/2\pi$ es un número racional, entonces la trayectoria es periódica. Si $\alpha/2\pi$ es irracional, la trayectoria correspondiente es no periódica. En efecto, supongamos que α y 2π son conmensurables, es decir, que $\alpha = (m/n)2\pi$, donde m y n son enteros. Entonces $n\alpha = 2m\pi$, y si se hace una rotación con un ángulo $n\alpha$, se deja fijo cada punto del círculo. En particular, si nos fijamos en los vértices

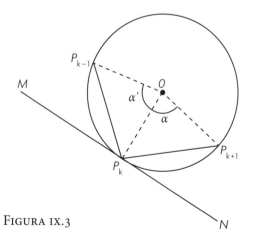

FIGURA IX.3

115

se tiene que $P_n = P_0$, $P_{n+1} = P_1$..., de modo que la trayectoria es periódica. Si m/n es irreducible, la trayectoria correspondiente está exactamente formada por n segmentos P_0P_1,..., $P_{n-1}P_0$... Si m es igual a 1 se obtiene un polígono regular de n lados. Para m igual a 2 o más se obtiene un polígono estrellado inscrito en un círculo (figura IX.4).

¿Será cierto el recíproco? Si una trayectoria P_0, P_1, P_2... es periódica, entonces α y 2π son conmensurables, es decir, $\alpha/2\pi$ es racional. Por la periodicidad de la trayectoria los vértices se repiten:

$$P_n = P_0, \ P_{n+1} = P_1, \ P_{n+2} = P_2...$$

Esto significa que después de una rotación de $n\alpha$ el punto P_0 queda invariante, de modo que $n\alpha$ es múltiplo de 2π, de donde se sigue que $\alpha/\pi = 2(m/n)$.

Ahora, si α es inconmensurable con 2π, la trayectoria correspondiente estará formada por una sucesión infinita de segmentos iguales P_0P_1, P_1P_2... inscritos en el círculo.

Como todos los segmentos son iguales, sus puntos medios están a la misma distancia del centro del círculo y, por lo tanto, se encuentran sobre un círculo C_1, concéntrico a C (figura IX.5).

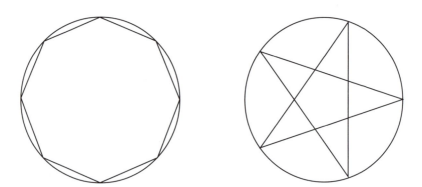

FIGURA IX.4

Todos los segmentos de la trayectoria son tangentes a ese círculo y la trayectoria nunca penetra dentro de C_1. Dicho de otra manera, la trayectoria está enteramente contenida en el anillo A, determinado por los círculos C y C_1.

Ahora podemos enunciar un teorema que determine las propiedades de este tipo de trayectorias: si α y 2π son inconmensurables, entonces cada trayectoria correspondiente al ángulo α, en un billar circular, es denso en todo el anillo A.

El término más importante en este teorema es "denso en todo el anillo", lo cual significa que la trayectoria de la bola de billar pasará en algún momento tan cerca como queramos de un punto seleccionado de antemano en el anillo. Es decir, si en el anillo A escogemos una región pequeña, podemos asegurar que en algún momento la trayectoria pasará por esa región.

La prueba de este teorema es la siguiente: sea $P_0, P_1, P_2 \ldots$ la trayectoria no periódica que consideramos. Enunciemos primero que los puntos $P_0, P_1, P_2 \ldots$ se reparten de manera densa sobre el círculo. Es decir que si $\{P_k : k \in N\} = \{P_0, P_1, P_2 \ldots\}$, una sucesión de puntos en el círculo, tales que P_{k+1} se obtiene de P_k por medio de una rotación de ángulo central α. Entonces, si α y 2π son inconmensurables, la sucesión P_k es densa en todas

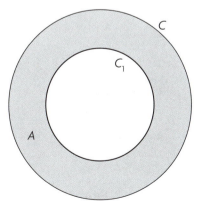

<small>Figura IX.5</small>

partes en el círculo; es decir, que cualquier segmento de arco contendrá al menos un punto de la colección $\{P_k : k \in N\} = \{P_0, P_1, P_2 \ldots\}$.

Tomemos un punto fijo P_0 sobre el círculo. Siguiendo sobre el círculo obtenemos nuevos puntos P_1, $P_2\ldots$ Puntos consecutivos están a una misma "distancia" sobre el arco de círculo que depende del ángulo α. Entonces, ya sea antes de rebasar el punto P_0 o justo después, P_n está a una "distancia β" de P_0 que es menor o igual a $\alpha/2$. Desde ese punto P_n volvemos a hacer el mismo número de pasos hasta llegar al punto P_m que dista β del punto P_n. Ahora podemos considerar que nos estamos desplazando de un ángulo β ($\leq \alpha/2$) sobre el círculo (figura IX.7).

Definamos P_n' con respecto a P_n de manera análoga a como se definió P_n con respecto a P_0. Éste dista $\gamma \leq \beta/2$ del punto P_n; es decir, $\gamma \leq \alpha/4$ (figura IX.8). Así, repitiendo k veces la operación, sustituimos la "longitud" α de inicio por la "longitud" $\alpha/2^k$. Para k grande, esta longitud es tan pequeña como queramos, así que no importa el segmento de círculo que tomemos, siempre caerá uno de los puntos de la trayectoria en él. Por el momento tenemos que los vértices de la trayectoria son densos sobre el círculo. Con-

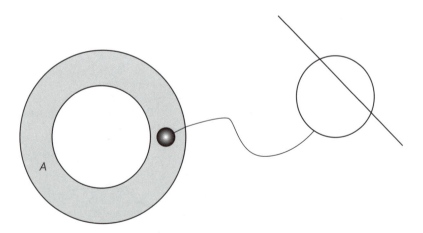

FIGURA IX.6

sideremos C_2, un círculo con su interior (en matemáticas suele llamarse un disco) dentro del anillo A. Vamos a ver que existe una trayectoria que pasa por un punto interior de ese círculo.

Tomemos el arco de círculo M_1M_2 sobre C determinado por las tangentes comunes a los círculos C_1C_2. Es claro que la tangente a C_1 que pasa por M' un punto cualquiera del arco M_1M_2 corta a C_2.

Consideramos la trayectoria P_0, P_1… Por lo que vimos antes, hay un punto P de esa trayectoria en el arco M_1M_2. Si de ese punto trazamos la tangente a C_1, dicha tangente es un segmento de la trayectoria que interseca a C_2, por lo que tenemos que la trayectoria es densa en todas las partes del anillo A (figura IX.9).

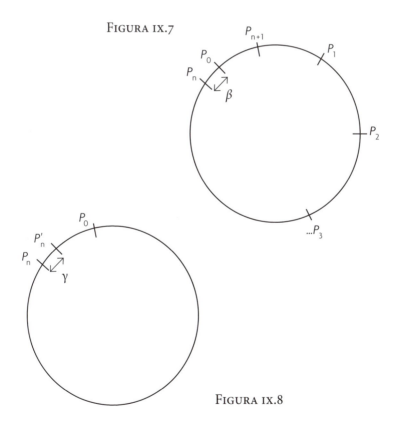

Figura IX.7

Figura IX.8

119

Con esto podemos dar por terminado el estudio de los billares circulares. Pero antes hagamos un resumen: las trayectorias de tipo billar en un círculo son periódicas si $\alpha/2\pi$ es un número racional, o densas en todo el anillo determinado por dos círculos concéntricos, uno de ellos el borde del billar si $\alpha/2\pi$ es irracional.

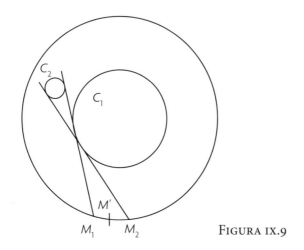

FIGURA IX.9

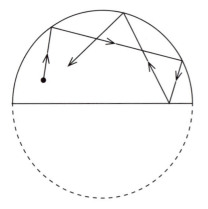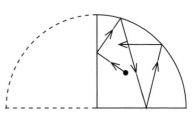

FIGURA IX.10

Ahora bien, lo que acabamos de hacer se podrá utilizar para estudiar las trayectorias de tipo billar en una mesa cuya forma fuese medio círculo, o incluso un cuarto de círculo (figura IX.10).

Pero este estudio se lo dejamos al lector, pues es similar en muchos sentidos a lo que hicimos en el caso del círculo.

BILLARES CONVEXOS

En primaria se definen las figuras convexas en el plano como aquellas que, al colocar la regla sobre cualquier lado de la figura, se encuentran de un solo lado de la regla (figura IX.11).

La definición más precisa de figura convexa es la siguiente: una figura es convexa si para cualesquiera dos puntos en ella el segmento determinado por ellos está contenido en la figura (figura IX.12.

Veamos ahora qué sucede si pensamos en la trayectoria de una bola en una mesa de billar con forma convexa en la cual no hay puntos angulosos, es decir, puntos en los que la trayectoria se pueda morir. En matemáticas se dice que la frontera, o bandas de la mesa, es suave o no tiene picos. Este tema ha sido estudiado por muchos matemáticos y sus trabajos y resultados no son elementales. Aquí sólo comentaremos algunas de sus conclusiones.

En primer lugar, siempre hay un número infinito de trayectorias periódicas. Además existen trayectorias periódicas formadas exactamente por n segmentos, con $n \geq 3$. Este resultado se debe a Henri Poincaré, el matemático francés más importante de principios del siglo XX.

Veamos ahora una prueba muy ingeniosa de este último hecho. Consideremos todas las líneas quebradas $P_0 P_1 P_2 \ldots P_{n-1} P_0$ formadas por n segmentos, que no se cortan y cuyos extremos están en el borde del billar. Tomemos una de éstas que tenga longitud máxima. Por lo visto, según el tercer sueño, esa trayectoria debe ser de tipo billar, ya que si nos fijamos en P_{k-1} y

P_{k+1}, buscamos una trayectoria máxima que toque la curva y que pase por P_{k-1} y P_{k+1}. Debe ser $P_{k-1}P_kP_{k+1}$ y ser de tipo billar, con lo cual terminamos la prueba.

Para demostrar la segunda propiedad importante tomemos una mesa de billar convexa en la que denotaremos como C la

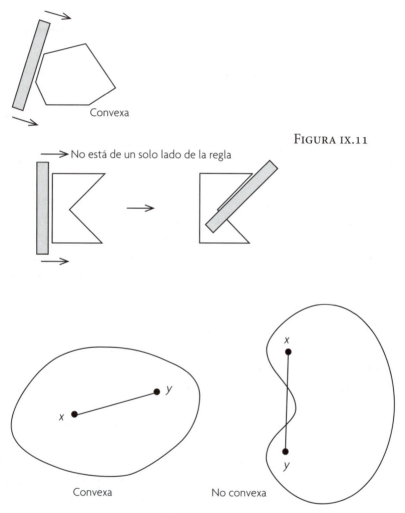

Convexa

No está de un solo lado de la regla

FIGURA IX.11

Convexa

No convexa

FIGURA IX.12

banda o el borde. Se puede encontrar una familia de curvas C_i que compartan la siguiente propiedad: si el segmento inicial de la trayectoria es tangente a C_i, entonces todos los otros segmentos de la misma trayectoria también son tangentes a C_i. Las curvas C_i se llaman cáusticas del billar.

Cuando el billar es una circunferencia, las cáusticas son círculos interiores concéntricos (figura IX.13).

Con argumentos realmente elaborados se puede demostrar el análogo a una propiedad que se expuso para el círculo y que indica que casi todas las trayectorias que son tangentes a una cáustica dada C_i "llenan" de manera densa el anillo que se encuentra entre C y C_i.

Los matemáticos probaron que las trayectorias de tipo billar en una mesa convexa y las cáusticas asociadas están ligadas de manera muy estrecha con las vibraciones de una membrana delgada con la misma forma que la mesa de billar. Dicho de una manera más coloquial, si se fabrica un tambor con la forma de una mesa de billar, los sonidos que emita estarán relacionados con las propiedades geométricas de las trayectorias de tipo billar correspondientes. En otras palabras, ¡se puede oír la forma del tambor! Ése es el título de un artículo escrito por Mark Kac, que ha resultado fundamental en algunas áreas de las matemáticas.

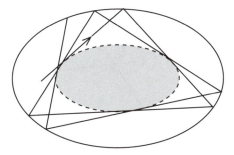
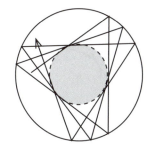

FIGURA IX.13

Demostrar la existencia de cáusticas siempre es difícil. El caso más sencillo es el que presentaremos aquí: el de la elipse.

Consideremos una trayectoria $P_0 P_1 P_2 \dots$ en una elipse ε con focos A y B.

Construyamos dos elipses:

ε_1 cuyos focos son A y B y es tangente a $P_0 P_1$ en el punto Q_1, y
ε_2 cuyos focos son A y B y es tangente a $P_1 P_2$ en el punto Q_2.

Hay que probar que esas dos elipses coinciden (figura IX.14a).

Primero, observemos que las elipses cuyos focos son los puntos A y B están definidas por $AM + MB = c$, donde c es una constante.

Sean c_1 y c_2 las constantes asociadas a ε_1 y ε_2. Para concluir que $\varepsilon_1 = \varepsilon_2$ basta probar que $c_1 = c_2$.

Sea A' el simétrico de A respecto de $P_0 P_1$, es decir que $P_0 P_1$ sea la mediatriz de AA' (figura IX.14b). Se tiene

$$c_1 = AQ_1 + Q_1 B = A'Q_1 + QB$$
$$= A'B$$

Además, como P_1 está sobre la mediatriz de AA', $AP_1 = A'P_1$.

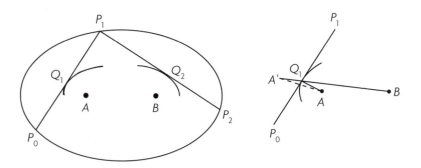

FIGURA IX.14a　　　　　　FIGURA IX.14b

Análogamente, si B' es el simétrico de B respecto de P_1P_2, se tiene que $c_2 = AB'$ y $P_1B = P_1B'$.

Ahora consideremos los triángulos $A'P_1B$ y AP_1B'. Vemos que los ángulos $A'P_1B$ y AP_1B' son iguales (figura IX.14c).

En efecto, por ser $P_0P_1P_2$ una trayectoria de tipo billar los ángulos de entrada y salida son iguales, o sea que $\sphericalangle SP_1P_0 = \sphericalangle TP_1P_2$ (figura IX.15). Además, como A y B son los focos de la elipse, se tiene que $\sphericalangle SP_1A = \sphericalangle TP_1B$, de donde

$$\sphericalangle P_0P_1A = \sphericalangle SP_1A - \sphericalangle SP_1P_0 = \sphericalangle TP_1B - \sphericalangle TP_1P_2 = \sphericalangle P_2P_1B.$$

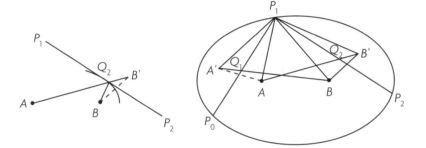

FIGURA IX.14c   FIGURA IX.14d

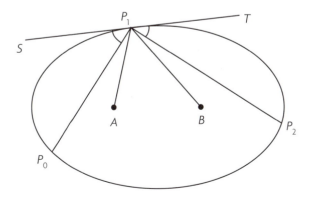

FIGURA IX.15

Ahora consideremos los ángulos $A'P_1B$ y AP_1B'.

$$
\begin{aligned}
A'P_1B &= \sphericalangle A'P_1P_0 + \sphericalangle P_0P_1A + \sphericalangle AP_1B = \\
&= \sphericalangle P_0P_1A + \sphericalangle P_0P_1A + \sphericalangle AP_1B = \\
&= \sphericalangle P_2P_1B + \sphericalangle P_2P_1B + \sphericalangle AP_1B = \\
&= \sphericalangle P_2P_1B + \sphericalangle B'P_1P_2 + \sphericalangle AP_1B = \\
&= \sphericalangle AP_1B'
\end{aligned}
$$

Así que, como $A'P_1 = AP_1$ y $BP_1 = B'P_1$, entonces $\sphericalangle A'P_1B = AP_1B'$ (figura IX.14d).

Los triángulos $A'P_1B$ y AP_1B' son iguales y en consecuencia podemos concluir que $A'B = AB'$. Pero eso quiere decir que $c_1 = c_2$ y por lo tanto las elipses ε_1 y ε_2 son lo mismo, así que ε_1 es una cáustica.

Polígonos regulares y billares

En un billar formado por un triángulo equilátero, si la bola empieza en el punto medio de uno de los lados y se dirige hacia el punto medio del lado adyacente, entonces la trayectoria de tipo billar que se obtiene es la de otro triángulo equilátero. En un cuadrado y en un hexágono regular se cumple algo similar, como se comprueba en la figura IX.16.

En realidad, esta propiedad es válida para cualquier polígono regular de n lados. Si la trayectoria empieza en el punto medio

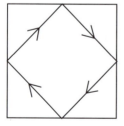
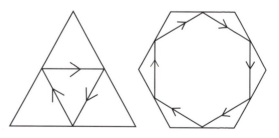

Figura IX.16

de alguno de los lados de un polígono regular de n lados y ésta se dirige al punto medio del lado adyacente, entonces la trayectoria de tipo billar recorre periódicamente (después de n "rebotes") un polígono regular de n lados.

Lo maravilloso de esta observación es que la recíproca también es válida, con lo cual se puede caracterizar a los polígonos regulares. La prueba que vamos a llevar a cabo aquí es la que dieron De Temple y Robertson en 1981. El enunciado completo y preciso de esta caracterización aparece en el siguiente teorema: un polígono convexo y cerrado P en el plano es regular si y sólo si P contiene una trayectoria de tipo billar P' que es semejante a P.

Para probar este teorema, demostraremos primero un lema técnico para que no nos distraigamos en asuntos menores y para que el razonamiento se entienda mejor.

Si $x_1,\ldots,x_n$ son números reales y se define como $y_1 = 1/2(x_{i-1} + x_i) i = 1,\ldots,n$ (tomando x_0 como x_n), entonces $y_1, y_2,\ldots,y_n$ son una permutación de $x_1,\ldots,x_n$ si y sólo si $x_1 = x_2 = \ldots = x_n$.

Demostración: si $x_1 = x_2 = \ldots = x_n$ es obvio.

Ahora veamos la otra parte. Sea $x = min\{x_1,\ldots,x_n\}$ si $(x_{i-1} > x)$ o $(x_i > x)$. Entonces, $y_i = 1/2(x_{i-1} + x_i) > x$ y $y_{i+1} = 1/2(x_i + x_{i+1}) > x$.

De modo que el número de y_j que son iguales a x es por lo menos uno menos que el número de x_j que son iguales a x. Esto implica que la única posibilidad para que $y_1, y_2,\ldots, y_n$ sean una permutación de $x_1,\ldots,x_n$ es que todas las x_j sean iguales.

Lancémonos ahora a probar el teorema. Sea P un polígono regular; unamos los puntos medios consecutivos de los lados P para obtener así el polígono P' y supongamos que P' es periódico y semejante a P. P' tiene sus vértices en lados sucesivos de P. Constatemos primero que los ángulos de P' son todos iguales a los de P.

Sean $\alpha_1, \alpha_2,\ldots,\alpha_n$ los ángulos de P en orden cíclico contrario a las manecillas del reloj y sean $\alpha'_1, \alpha'_2,\ldots, \alpha'_n$ los ángulos de P' en orden cíclico contrario a las manecillas del reloj, donde α'_i está entre α_i y α_{i+1}, como se indica en la figura IX.17.

Observemos que como P' se obtiene con una trayectoria de tipo billar, entonces los ángulos β_i marcados en la figura IX.18 efectivamente son iguales. Observemos que

$$\alpha_i + \beta_i + \beta_{i+1} = \pi \tag{1}$$

y que

$$\alpha'_i + 2\beta_i = \pi \tag{2}$$

Además,

$$\alpha_1 + \alpha_2 + \ldots + \alpha_n = \alpha'_1 + \ldots + \alpha'_n = (n-2)\pi \tag{3}$$

por ser P y P' polígonos de n lados.

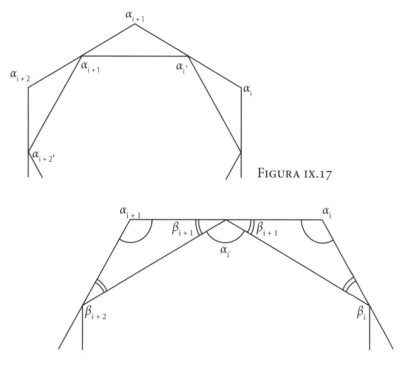

FIGURA IX.17

FIGURA IX.18

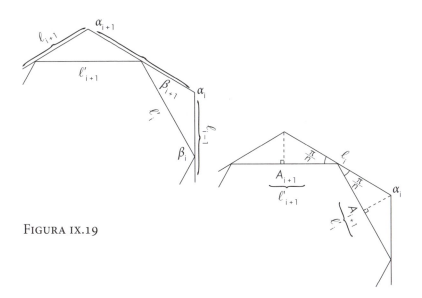

FIGURA IX.19

De (2) calculamos $\beta_i = \pi - \alpha_i' / 2$. Al sustituir en (1) tenemos $\alpha_i + ((\pi - \alpha_i')/2) + ((\pi - \alpha_{i+1}')/2) = \pi$. Es decir, $\alpha_i = (\alpha_{i+1}' + \alpha_i')/2$ (por supuesto, con α_{n+1}' igual a α_1').

Por ser P' semejante a P es claro que $\alpha_1, \alpha_2, \ldots, \alpha_n$ son una permutación de $\alpha_1', \alpha_2', \ldots, \alpha_n'$ de manera que, por ser las α_i y las α_i' números reales, al usar el lema, tenemos que $\alpha_1 = \alpha_2 = \ldots = \alpha_n$, y por (3) todos son iguales a $(n - 2/n)\pi$.

Verifiquemos que los lados del polígono P son iguales. Observemos, primero, que cada

$$\beta_i = \frac{\pi - \alpha_{i-1}}{2} = \frac{\pi - \left(\dfrac{n-2}{n}\right)\pi}{2} = \frac{\pi}{n}$$

de manera que en la figura IX.19 los triángulos que aparecen son isósceles y tienen dos ángulos de π/n y uno de $(n - 2/n)\pi$. Denotemos ahora por l_i a la longitud del lado comprendido entre los ángulos α_{i+1} y α_i.

El lado ℓ_i es la suma de las hipotenusas de los triángulos rectángulos cuyo ángulo recto está en A_i y A_{i+1}, como se indica en la figura, de modo que

$$\cos\frac{\pi}{n} = \frac{cateto\ adyacente}{hipotenusa}$$

$$\cos\frac{\pi}{n} = \frac{\frac{1}{2}\ell'_{i+1}}{hipotenusa\ de\ A_{i+1}} \quad y \quad \cos\frac{\pi}{n} = \frac{\frac{1}{2}\ell'}{hipotenusa\ A_i}$$

$$\ell_i = hipotenusa\ de\ A_i + hipotenusa\ de\ A_{i+1} = \frac{\ell'_{i+1} + \ell'_i}{2\cos\frac{\pi}{n}} \tag{5}$$

De modo que al ser los polígonos P y P' semejantes, tenemos que cada lado de P es k veces alguno de P, es decir, que k es el coeficiente de semejanza entre P y P'; para alguna i y j se tiene $\ell'_j = k\ell_i$ de modo que si usamos (5) tenemos

$$\ell'_j = k\ell_i = \frac{k}{2\cos\frac{\pi}{n}}\left(\ell'_{i+1} + \ell'_i\right) \tag{6}$$

Si sumamos todos los lados, obtenemos

$$\sum_{j=1}^{n}\ell'_j = \sum_{i=1}^{n}\frac{k}{2\cos\frac{\pi}{n}}\left(\ell'_{i+1} + \ell'_i\right)$$

(por supuesto, con $\ell'_0 = \ell'n$); de modo que

$$\sum_{j=1}^{n}\ell'_j = \frac{k}{2\cos\frac{\pi}{n}}\left(\sum_{i=1}^{n}\ell'_{i+1} + \sum_{i=1}^{n}\ell'_i\right) = \frac{k}{2\cos\frac{\pi}{n}}\ \sum_{j=1}^{n}\ell'_j + \sum_{j=1}^{n}\ell'_j$$

$$= \frac{k}{2\cos\dfrac{\pi}{n}}\left(2\sum_{j=1}^{n}\ell'_j\right) = \frac{k}{\cos\dfrac{\pi}{n}}\sum_{j=1}^{n}\ell'_j$$

Así,
$$1 = \frac{k}{\cos\dfrac{\pi}{n}}$$

y $k = \cos \pi/n$, que al sustituirlo en (6) nos da:

$$\ell'_j = \frac{1}{2}\left(\ell'_{i+1} + \ell'_i\right)$$

Cada ℓ'_j corresponde a una ℓ'_i, así que los ℓ'_j son una permutación de las ℓ'_i y usando nuevamente el lema tenemos: $\ell'_1 = \ell'_2 = \ldots = \ell'_n$ y por (5) $\ell_1 = \ell_2 = \ldots = \ell_n$, obteniendo así un polígono regular.

Hemos trabajado en el plano y gracias a las trayectorias de tipo billar hemos caracterizado los polígonos regulares, así que es lógico preguntarse qué pasa con los cinco poliedros regulares: ¿habrá alguna caracterización de estos poliedros usando trayectorias tipo billar? Martin Gardner ofrece algunos resultados en ese sentido.

X. Las tablitas y otros problemas

LAS TABLITAS

En el colegio no había quien no supiera que me gustaba mucho el billar. En cierta ocasión, una de mis compañeras se me acercó para invitarme a ver la película *Donald en el país de las matemáticas*, que iban a proyectar en la videoteca a la hora de comer. Me pidió que le explicara la parte del billar. Usualmente a esa hora yo me iba con Andrés a jugar. Además, ya había visto más de cinco veces la parte del billar de la película y casi me la sabía de memoria. La verdad, prefería irme a jugar con Andrés. Pero para no quedar mal con mi compañera, se me ocurrió entonces explicarle esa parte de la película durante el recreo.

—Mira, como ya sabes, la mesa de billar en la que juega Donald está formada por dos cuadrados marcados con diamantes. Lo que explica la película es hacia dónde tirar para que la bola con punto toque tres bandas de la mesa de billar y luego toque a las otras dos bolas. La situación que proponen es lo que, en billar, se llama una tablita, es decir, que las bolas a las que hay que pegarles estén muy cercanas, casi juntas, y que la bola con la que se tire esté relativamente lejos. Para hacer un tiro que tenga éxito hay que usar los diamantes como guía. El primer ejemplo que dan es el siguiente.

Para pegarle a las dos bolas, lo mejor es fijarse cuál es el ángulo natural para que la bola les pegue, o sea, la manera más adecuada de pegarle a las dos bolas. Es evidente que si se le pega a la bola roja, como se muestra en la figura x.2, será muy raro que la bola del punto pueda pegarle a la otra bola.

Por eso, lo primero que hay que hacer es numerar los diamantes de dos formas distintas.

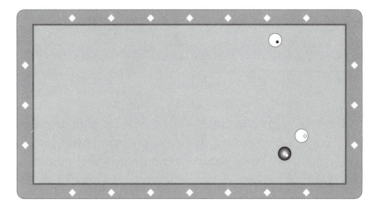

FIGURA X.1

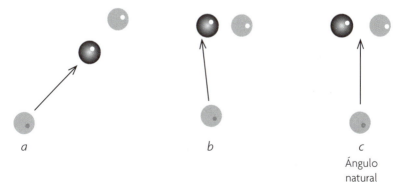

a   *b*   *c*
Ángulo
natural

FIGURA X.2

133

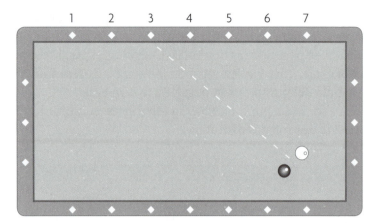

Figura x.3

Numeremos los diamantes de la banda larga de izquierda a derecha como se muestra en la figura x.3 para encontrar el número asociado al ángulo natural. En este caso, el ángulo natural se asocia con el número 3. Luego se numeran los diamantes de otra forma para encontrar el número que se va a asociar con la posición clave, es decir, la posición de la bola blanca con el punto.

Así se numeran los diamantes para encontrar el número asociado a la posición clave (figura x.4). Es importante observar que las numeraciones para la posición y el ángulo son diferentes.

Por lo tanto la posición clave en este caso es 4. Luego, con una simple resta, posición clave menos ángulo natural, se calcula hacia dónde se tiene que lanzar la bola: 4 − 3 = 1. ¡Hay que tirar hacia el diamante 1! Observemos lo que sucede (figura x.5).

Bien vale aquí hacer un comentario al estilo Donald: ¡Parece magia!

Otro de los ejemplos que aparecen en la película se representa en la figura x.6.

Ángulo natural 2. Posición clave 3½. Hay que tirar entre el diamante 1 y el 2. Veamos si esto es correcto (figura x.7).

Como recordaba bastante bien la película, tratando de imitar el acento de Donald dije: ¡Funciona, funciona!

Lo esencial en las mesas de billar es el tipo de rebote que se tiene. Para ver que lo que hace Donald funciona, bastaría hacer simetrías y ver que la trayectoria de la bola con el punto hacia

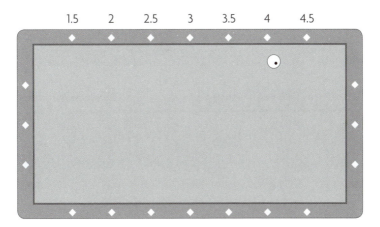

FIGURA X.4

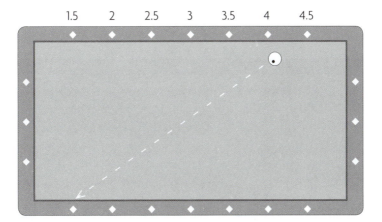

FIGURA X.5a

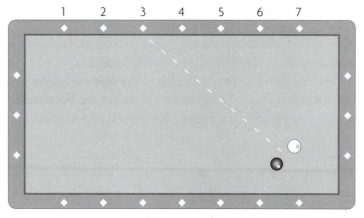

FIGURA X.5b

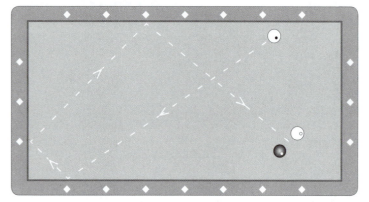

FIGURA X.5c

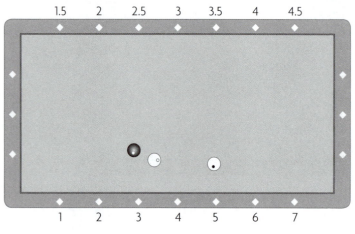

FIGURA X.6a

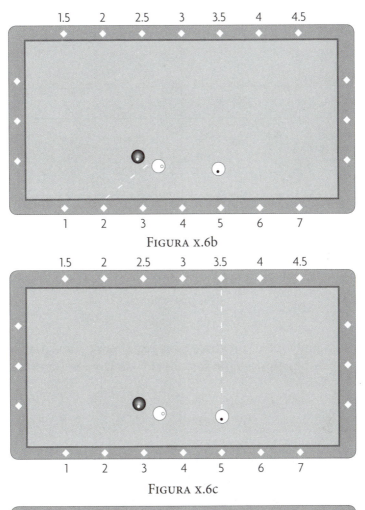

FIGURA X.6b

FIGURA X.6c

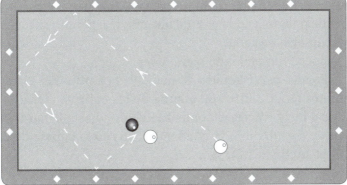

FIGURA X.7

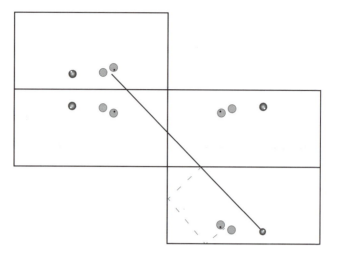

FIGURA X.8

las bolas juntas en el simétrico (una recta) pasa por el diamante al que hay que tirar, según los cálculos de Donald (figura x.8).

EL AGUA

—Mira, hay cosas muy padres con el billar si uno piensa que las mesas pueden ser de cualquier forma. Por ejemplo, usando cierto tipo de billares se pueden resolver problemas como el siguiente: se tienen dos cubetas con capacidad de 5 y de 7 litros, respectivamente, y toda el agua que quieras. ¿Cómo harías para medir un litro de agua?

—Bueno, no entiendo bien. A ver…

—Puedes pasar líquido de una cubeta a otra. Por ejemplo, si quieres tener 2 litros en alguna de las cubetas, llenas la de 7 litros y luego vacías el contenido de ésta hasta llenar la de 5 litros; de esta manera te quedan 2 litros en la cubeta de 7, es decir, ya mediste 2 litros.

—¡Ah, ya entendí! Pues tengo que pensar. Si lleno la de 5 y luego la vacío en la de 7… No, no, mejor al revés. No, pero no puedo…

—Mira, una manera de resolver éste y todos los problemas de este tipo es construyendo un paralelogramo cuyos lados tengan una longitud igual al contenido de las cubetas, en este ejemplo 7 y 5. Pero el paralelogramo debe tener un ángulo de 60°, así que nos queda algo así (figura x.9).

"Supóngamos que tenemos un sistema de coordenadas en este paralelogramo (figura x.10).

"Así, el punto marcado corresponde a las coordenadas (4, 3); es decir que la cubeta grande (de 7 litros) tiene 4 litros y la cubeta pequeña (de 5 litros) tiene 3 litros.

"Si queremos medir un litro…"

—Sí, claro, tendremos que llegar a algún punto que tenga alguna coordenada igual a 1.

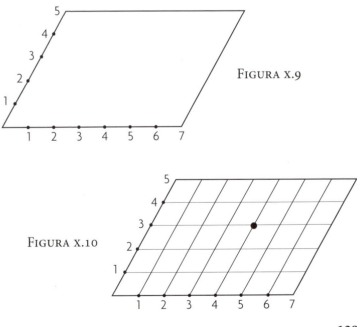

FIGURA X.9

FIGURA X.10

—En efecto.

—Pero aquí, ¿cómo interviene el billar?

—Bueno, hay tres movimientos que se pueden hacer con las cubetas. El primero consiste en llenar o vaciar la cubeta de 7 litros.

—El segundo consiste en hacer lo mismo en la cubeta de 5 litros.

—Exacto. Y el tercero sería echar el agua de una cubeta a la otra. Y esto lo vamos a caracterizar con tres direcciones distintas; por eso necesitamos un paralelogramo que tenga un ángulo de 60° y el otro de 120°. En efecto, el eje horizontal representa la cubeta de 7 litros, de modo que cualquier movimiento en ese sentido (↔) corresponderá a llenar o vaciar la cubeta de 7 litros. El eje que representa a la cubeta de 5 litros está a 60° con la horizontal, (↗) así que cualquier movimiento de este tipo corresponde a llenar o vaciar la cubeta de 5 litros.

—¿Y el otro movimiento, el de pasar el agua de una cubeta a otra?

—Pues para eso vamos a usar la dirección (↘), que representará verter agua de una cubeta a otra (figura x.11).

—Bueno, ¿pero el billar qué tiene que ver con esto?

—Mira, el problema, como tú lo indicaste, es llegar a un punto que tenga alguna coordenada igual a 1, empezando en el origen, es decir, con las dos cubetas vacías y siguiendo una trayectoria de billar. Recuerda que lo anterior quiere decir que cuan-

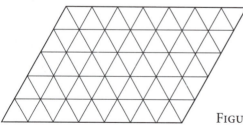

↔ Llenar o vaciar la cubeta de 7 litros.

↗ Llenar o vaciar la cubeta de 5 litros.

↘ Echar agua de una cubeta a otra.

Figura x.11

do la trayectoria llegue a uno de los lados, la bola rebotará con un ángulo de salida igual a un ángulo de entrada. Vamos a dibujar la trayectoria comenzando por llenar la cubeta de 7 litros. Explicaré qué significa cada trayecto (figuras x.12a y x.12b).

"Fíjate cómo cada vez que llegamos a un lado del paralelogramo, tenemos alguna situación que representa el agua en las

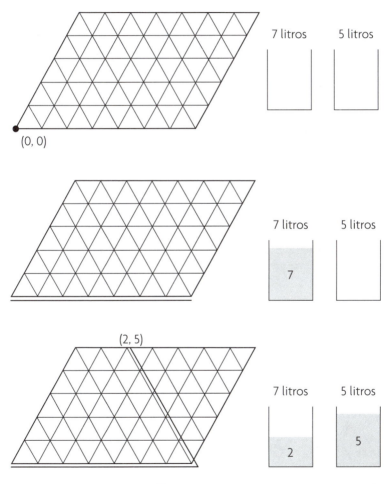

FIGURA X.12a

cubetas, así que lo que tenemos que hacer es continuar la trayectoria de tipo billar, para ver si llegamos a un punto que tenga alguna coordenada con un 1 (figuras x.13a y x.13b).

"Observa que todos los rebotes son de tipo billar (figura x.14).

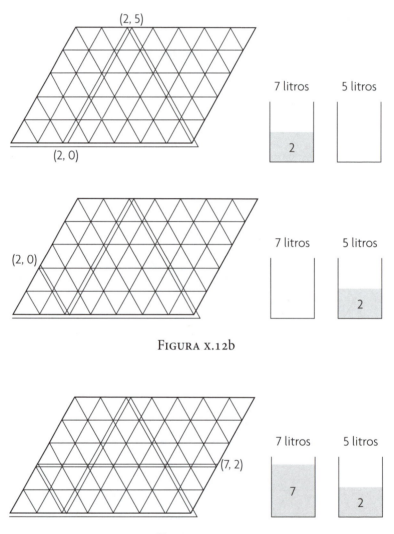

Figura x.12b

Figura x.13a

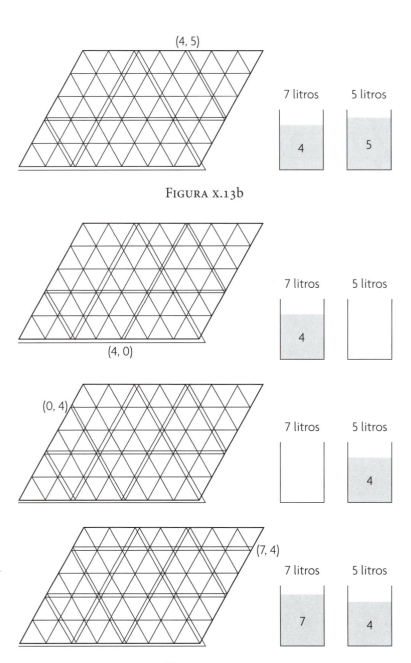

(4, 5)

7 litros   5 litros

4   5

Figura x.13b

7 litros   5 litros

4

(4, 0)

(0, 4)

7 litros   5 litros

4

(7, 4)

7 litros   5 litros

7   4

Figura x.14a

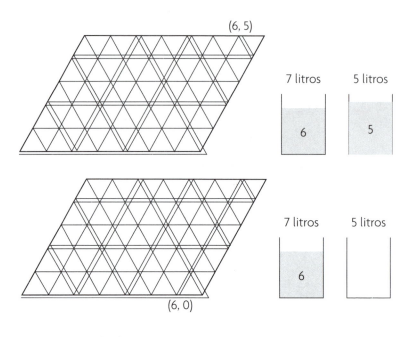

(6, 5)

7 litros   5 litros

6   5

7 litros   5 litros

6

(6, 0)

(1, 5)

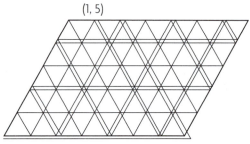

7 litros   5 litros

1   5

FIGURA X.14b

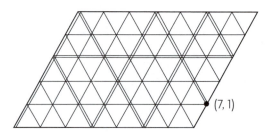

(7, 1)

FIGURA X.15

"Aquí hay que detenernos, pues llegamos a (1, 5), es decir, en el punto en que en la cubeta de 7 litros tenemos un litro."

—La verdad, sin la ayuda del paralelogramo no lo hubiera entendido bien, pero está chido.

—Bueno, no nada más es el paralelogramo, son muchas ideas brillantes junto con las trayectorias de billar.

—¿Y qué pasa si empezamos llenando la cubeta de 5 litros?

—Bueno, procedemos con las mismas reglas y la trayectoria que obtenemos es la siguiente, que corresponde a los siguientes movimientos de agua (figuras x.15 y x.16).

—Mil gracias, por fin lo entendí.

—Oye, si te interesa, te voy a pasar unos problemas sencillitos que pusieron en unos concursos de matemáticas.

—Sale, pero también llévame al billar y enséñame a jugar.

—Mira, además de los problemas, te voy a dar unos esquemas con carambolas clásicas. De esa manera puedes estudiarlas y saber qué te espera y por dónde va la onda, pues creo que no es buena idea llevarte al billar.

¡Ya me imagino los chiflidos y los albures al entrar!

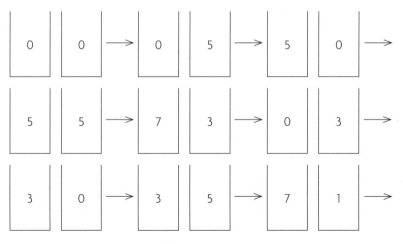

Figura x.16

Preparé los siguientes problemas, procurando que se pudieran resolver fácilmente para poder seguir platicando sobre el billar.

1. Una mesa de billar se divide en partes iguales y se marca con letras. Se lanza una bola de billar desde la esquina *A* de la mesa formando un ángulo de 45° con respecto a la banda, como se muestra en la figura x.17. La bola siempre rebota formando un ángulo igual al de llegada. El primer rebote de la bola ocurre en el punto 0. ¿Qué punto toca en el séptimo rebote?

a) P *b)* N *c)* T *d)* M

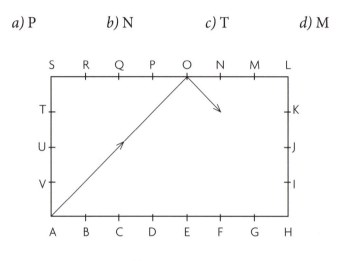

FIGURA X.17

(Este problema apareció en la Competencia Cotorra de Matemáticas y en el Concurso de Primavera de 1999.)

2. Considera una mesa de billar con la forma de un triángulo equilátero *ABC*. Se golpea una bola que inicialmente está en la posición *P*, que representa un punto cualquiera dentro del triángulo). La bola parte paralelamente al lado *AC*. Cada vez que re-

146

bota en un lado del triángulo sale despedida en el mismo ángulo en que llega. ¿Es posible que la bola pase nuevamente por el punto *P*? Justifica tu respuesta.

(Este problema apareció en el examen de selección para asistir a la Olimpiada Rioplatense de 1999.)

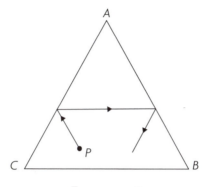

FIGURA X.18

3. Sobre una mesa rectangular *PQRS* de 5 unidades de largo y 3 unidades de ancho, se lanza una bola desde el punto *P* a un ángulo de 45° respecto al lado PQ y rebota sobre el lado *SR* a un ángulo de 45°. La bola continúa rebotando sobre los lados en un ángulo de 45°. ¿Cuántas veces debe rebotar la bola antes de llegar al punto *R*? (figura x.19).

(Este problema apareció en el concurso de primavera Po Leung Kuk que se llevó a cabo en Hong Kong en 1999.)

FIGURA X.19

147

Las carambolas que escogí primero fueron sencillas; es decir, en las que sólo hay que tocar a las otras dos con la bola que se tira; luego elegí algunas en las cuales hay que ayudarse con las bandas, y finalmente dos carambolas clásicas de tres bandas.

Si le gustaba esta parte geométrica, en algunas semanas iba a ser imposible sacarla del billar y así podría verla todos los días. La línea sólida indica el trayecto de la bola con la que se tira, y la línea punteada, hacia dónde sale la bola a la que se le pega primero.

¿Cómo no echar a volar la imaginación, dibujar distintas situaciones y hacer carambolas sencillas o de tres bandas? ¡Soñemos!

Sin embargo, por mucho que se lea y se vea, no hay como jugar billar para aprender sobre él y disfrutarlo de verdad. Sobre todo, porque no es la teoría lo que hace a alguien un maestro del billar, sino la práctica.

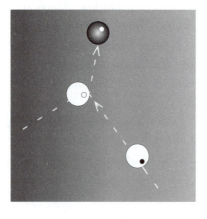

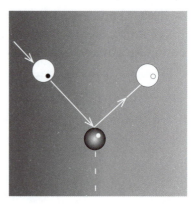

FIGURA X.20. *Carambolas sencillas.*

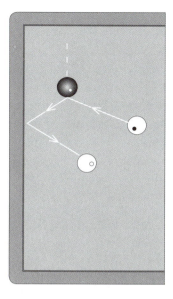

FIGURA X.21. *Carambola con ayuda de una banda.*

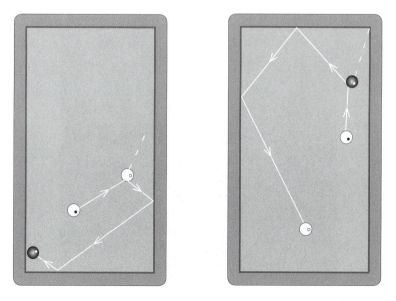

FIGURA X.22. *Carambola con ayuda de dos bandas.*

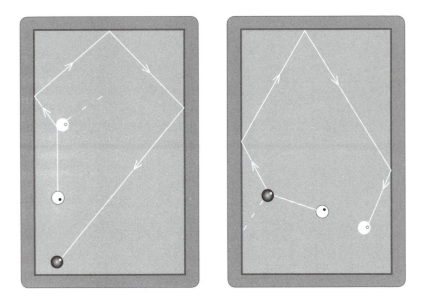

FIGURA X.23. *Carambola con ayuda de tres bandas.*

FIGURA X.24. *Mesa de billar antigua.*

Actualmente los mejores tacos son los italianos; algunos se fabrican con grafito en lugar de la madera tradicional. Su longitud varía de 1.40 a 1.46 m y tienen un peso de 480 a 520 gramos. Su remate es cónico, con un diámetro de casquillo de 10 a 12.5 mm y una virola de media pulgada; el diámetro inferior varía de 30 a 32 mm. Los tacos generalmente constan de dos piezas, para evitar que se deformen, unidas por una rosca de metal o de madera. El material que se utiliza para la fabricación del taco es madera dura y, según se trate de un taco para carambola, *pool* o *snooker,* son mejores unas medidas que otras. Algunos tacos son fabricados al gusto del usuario y resultan ser muy finos y a la vez muy caros.

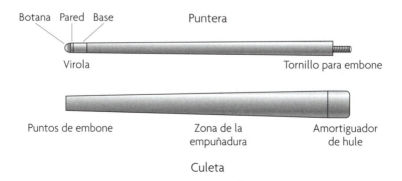

El taco de dos piezas consta de las siguientes partes: culata, junta y puntera. La culata es la parte más gruesa y pesada: se fabrica con madera fina (ébano, caoba o nogal). Las puntas de embone del mango no son únicamente decorativas; también para proporcionar mayor superficie de contacto a los adhesivos y para hacer estructuralmente más fuerte el taco. Algunos tacos tienen adornos e incrustaciones en la culata. La zona de la empuñadura está cubierta con hilo de nylon, algodón o lino irlandés. Este último es mejor por sus características de absorción, muy útiles si se juega en un ambiente húmedo o si al jugador le sudan las manos.

La puntera es de arce o maple, una madera dura de fibra larga, muy estable, que absorbe muy poca humedad del ambiente, lo que la vuelve más resistente a la deformación. La parte más delgada de la puntera lleva una virola colocada a presión o enroscada. La virola puede ser de fibra de vidrio, de plástico, de marfil o de caucho. Esta parte del taco amortigua el impacto del golpe longitudinalmente, impidiendo que la espiga (el extremo de la puntera del taco que se ajusta con la virola) se quiebre. Sobre la virola se adhiere la botana, que es la parte más importante de un taco y de la que ya dijimos que fue introducida al juego por Mingaux. Es tan importante que es *preferible un mal taco con una buena botana, que un buen taco con una botana defectuosa.*

La botana se fabrica con suela de cuero curtido al cromo o al tanino. Es prensada hidráulicamente a muy alta presión para hacerla homogénea y resistente. Además, la superficie de la botana debe ser áspera para que la tiza se adhiera correctamente.

Mi taco posee sólo algunas de las especificaciones anteriores. Durante mucho tiempo lo guardé en su envoltorio de papel periódico hasta que un día, por miedo a perderlo, lo guardé en una de las vitrinas del billar que frecuentábamos. Así no tenía que cargarlo ni llevarlo a la escuela. Era muy práctico, pues por una pequeña suma de dinero el encargado del billar lo guardaba en una vitrina bajo llave, la cual sólo se abría para los dueños de los tacos y para algunos influyentes como *el Ojazos,* que muchas veces utilizó el mío sin mi consentimiento.

Con este arreglo me sentía importante, pues al llegar al billar no sólo pedía la mesa, las bolas y la tiza, sino que me abrieran la vitrina, lo cual hacían únicamente los mejores jugadores del billar. Era un estatus que me gustaba tener.

Poco a poco dejé de ir al billar y supe que mi pobre taco iba de mano en mano, pues el encargado le abría la vitrina a cualquiera por una módica propina. Un día llegué en busca de mi taco pero ya no estaba en la vitrina donde solían guardarlo.

Para entonces, el billar había cambiado de dueño. Ya no había vitrinas con llave y cualquiera podía tomar los tacos. El nuevo encargado me dijo que durante un mes habían puesto un letrero para informar que quien quisiera retirar su taco lo podía hacer, pero si no lo hacía en un plazo perentorio pasaba a ser propiedad del billar. Si no lo veía por ahí seguramente lo habían llevado a barnizar y a ponerle una botana nueva. Sin embargo, ya no recuperé mi taco; pensé que estaría en manos del *Ojazos,* a quien nunca volví a ver.

Así termina la historia de un taco de billar que me volvió popular en la escuela, con el que aprendí mucho de física, matemáticas y química, y con el que tuve sueños extraordinarios y jornadas de juego en las que aprendí este deporte a fuerza de persistencia.

Berlanga, Ricardo, Carlos Bosch y Juan José Rivaud, *Las matemáticas: perejil de todas las salsas,* 4ª ed., Fondo de Cultura Económica, México, 2003 (La Ciencia para Todos, 163).

"Billar con bolos", 25 de enero de 2005, http://acanomas.com/DatoMuestraSig.php?Id=124.

Bosch, Carlos, "Bandas y números", ganador del concurso de la SMM Matemáticas Aplicadas y su Enseñanza para el Bachillerato 2001.

——, "Billares circulares", *Boletín de Ficom,* octubre de 2000, pp. 2-4.

——, "Billares convexos", *Boletín de Ficom,* noviembre de 2000, pp. 1-3.

——, "Cosas que se deberían de enseñar", *Educación Matemática,* vol. 12, núm. 3, diciembre de 2000, pp. 51-67.

——, C. Gómez y R. Vera, "El billar no es de vagos", ganador del concurso de la SMM Matemáticas Aplicadas y su Enseñanza para la Licenciatura 2001.

——, y B. Itza, *Miscelánea Matemática SMM,* núm. 22, agosto de 1995, pp. 23-36.

"Breve historia del billar", 13 de diciembre de 2003, http://www.terra.es/persona12/haritz2l/tronera/historia/breve.htm.

Chang, R., *Química,* 4ª ed., McGraw-Hill Interamericana de México, México, 1994.

Ciencia, ergo sum, 24 de junio de 2005, http://ergosum.uaemex. mx/marzo98/oscar.html.

Concurso de Primavera de Matemáticas 1999, examen primer nivel, AMC, SEP-Conacyt.

Competencia Cotorra de Matemáticas 1999, AMC, SEP-Conacyt.

DeTemple, D., y J. Robertson, "A Billiard Path Characterization of Regular Polygons", *Mathematics Magazine,* vol. 54, núm. 2, marzo de 1981, pp. 73-75.

"Definición del billar", 25 de enero de 2004, http://es.geocities. com/todobillar/definicion.htm, http://es.geocities.com/to-dobillar/historia.htm.

Famous Scots, 24 de julio de 2005, http://www.rampantscot-land.com/famous/blfamdunlop.htm.

Forgotten History — François Mingaud, 15 de febrero de 2004, http://www.snookergames.co.uk/history3.html.

Gardner, M., *Martin Gardner's Sixth Book of Mathematics Games from Scientific American,* Fremann, San Francisco, 1971.

Garibay B., Fernando, y Rigoberto Vera Mendoza, "Una familia de elipses", *Miscelánea Matemática,* núm. 38, 2003, pp. 33-41.

Genesis of Billiards, 25 de enero de 2004, http://www.bskunion. at/english/genesis.htm.

Hickoksports.com, History, Billiard, 10 de junio de 2005, http:// www.hickoksports.com/history /billiard. shtml.

Histoire du billard par le BCS, 13 de diciembre de 2003, http:// bcs76.free.fr/histoireBillard. htm.

Historia del Snooker, 13 de diciembre de 2003, http://billar.ga-leon.com/historia.html.

Infos-billards: billard français, 12 de mayo de 2005, http://www. infos-billards.com/sections.php?op=viewarticle&artid=10, http://www. infos-billards. com/sections. php?op=view ar-ticle &artid=11.

Iwan Simonis, 25 de enero de 2005, http://www.iwansimonis. com/fran%E7ais/hist_ fr. html.

Kozlov, V., y D. Treshchev, "Billiards", en *Translations of Mathematical Monographs*, American Mathematical Society, 1991.

Madrid, Ciencia y Sociedad, nuevos materiales, 15 de mayo de 2005, http://www. madrimasd. org/ cienciaysoci edad/ateneo/ temascandentes/nuevos_materiales.

Olimpiada Río Platense, examen de selección 1999, AMC.

Petit, Regis, "La pratique du billard", *Yo-yo, billard, boomerang...*, Belin, Pour la science, 2001, pp. 6-12.

Polya, G., *Induction and Analogy in Mathematics*, Princeton University Press, 1954.

Procédé de chauffage pour billards, 25 de enero de 2005, http:// www.ifrance.com/edsfos/BILLARD/billard4.htm.

Producción química: el mundo de los plásticos, 24 de junio de 2005, http://www.monografias.com/trabajos 13/plasti/plasti. shtml.

Principes physiques du jeu de billard, 28 de septiembre de 2005, http://perso.wanadoo. fr/laurent.buchard/newphys.html.

Robertson, J., "Mathematical Billiards", *Mathematics Notes from WSU*, vol. 25, núm. 1-2, 1982.

Rugère, R., *Traité de Billard*, Éditions Leymarie, París, 1988.

Shamos, M., "The Origin of the Term Pool", *The Billiard Archive*, Pittsburgh, 5 de diciembre de 2005, http//www.sound. net/~jimbur/pplofkc/origin.htlm.

Sine, R., y V. Kreinovic, "Remarks on Billiards", *American Mathematics Monthly*, 86, 1979, pp. 204-206.

Steinhauss, H., *Mathematical Snapshots*, 3ª ed., NuevaYork, Oxford University Press, 1968.

Tabachnikov, S., *Billards, panorama et synthéses*, núm. 1, Société Mathematique de France, 1995.

The Physics of Billiards, 25 de enero de 2005, http://jimloy.com/ billiard/phys.htm.

"Third Primary Mathematics", *Po Leung Kuk World Contest 1999.*

"Vulcanization", *The Columbia Enciclopedia,* 5 de diciembre de 2005, http://www.bartleby.com/65/vu/vulcaniz.html.

"Vulcanization", *Wikipedia,* 5 de mayo de 2005, http://en.wikipedia.org/wiki/Vulcanization.

El billar no es de vagos, de Carlos Bosch,
se terminó de imprimir y encuadernar en diciembre de 2009
en Impresora y Encuadernadora Progreso, S. A. de C. V. (IEPSA),
Calz. San Lorenzo, 244; 09830, México, D. F.
En su composición, elaborada por *Yolanda Morales Galván*
en el Departamento de Integración Digital del FCE,
se utilizaron tipos Minion Pro de 11:14, 10:14 y 9:10 puntos.
El diseño de la portada es de *Laura Esponda Aguilar.*
La edición, al cuidado de *Julio Gallardo Sánchez,*
consta de 3 000 ejemplares.